新生代
管理之道

邱国铮 著

U0314201

化学工业出版社

·北京·

内 容 简 介

新生代员工个性鲜明、崇尚自由，如何用与时俱进的科学方法管理他们，如何最大限度地激发他们的潜能，是大多数企业管理者迫切需要了解的新时代管理之道。

本书分"识别代际差异""迭代管理策略""优化沟通体系""打造能量引擎"四个模块，介绍了管理新生代员工的方法和技巧，帮助管理者认识新生代，解决与新生代员工的分歧问题，从而快速激活新生代员工的职场动能与热情，引导其成为中坚力量。

书中既有真实案例，又有真实工作场景中解决具体问题的方法，针对新生代员工比较难管理的问题，给管理者提供了一定的思路。

图书在版编目（CIP）数据

新生代管理之道 / 邱国铮著. — 北京：化学工业
出版社，2022.1
ISBN 978-7-122-40600-2

Ⅰ. ①新… Ⅱ. ①邱… Ⅲ. ①企业管理－人力资源管理 Ⅳ. ①F272.92

中国版本图书馆 CIP 数据核字（2022）第 004031 号

责任编辑：贾 娜　　　　　　　　　　美术编辑：王晓宇
责任校对：宋 玮　　　　　　　　　　装帧设计：水长流文化

出版发行：化学工业出版社（北京市东城区青年湖南街 13 号　邮政编码 100011）
印　　装：大厂聚鑫印刷有限责任公司
710mm×1000mm　1/16　印张 12½　字数 141 千字　2022 年 1 月北京第 1 版第 1 次印刷

购书咨询：010-64518888　　　　　　　　　售后服务：010-64518899
网　　址：http://www.cip.com.cn
凡购买本书，如有缺损质量问题，本社销售中心负责调换。

定　　价：49.80 元　　　　　　　　　　　　版权所有　违者必究

前言:
职场"新生代"的职场观

笔者曾经问过许多管理者一个问题:

"提起被称为职场新生代的'95后'员工,你的第一联想是什么?"

问罢,管理者们纷纷表示"头很疼":

思维跳脱不好管;

一言不合就辞职;

不服安排脾气大;

无欲无求想躺平;

到点就走不加班;

不能训斥玻璃心;

……

总之,说到正在大踏步闯入职场的新生代们,大家都能列出一长串的"毛病"。在管理者眼中,这些新生代们是他们平生所遇到的最难管理的职场人。

然而,事实真的如此吗?

俗话说得好,没有带不好的兵,只有不会带兵的将。

只要足够了解新生代,你就会发现,烙印在他们身上的并不只是

"任性"和"难管"这些标签。

首先，新生代们对于第一份工作的态度更务实。

中国人民大学与智联招聘联合发布的《2020年大学生就业力报告》显示，除去薪酬福利之外，

有45.5%的应届毕业生在求职中看重能够学到新东西；

有30.9%的应届毕业生在求职中看重清晰的发展路径；

有30.5%的应届毕业生在求职中看重工作与生活平衡；

······

由此可见，虽然薪酬仍然为当前应届毕业的大学生们求职主要看重的因素之一，但新生代们不会只单纯地追求"钱多"，也会重视诸如富有挑战性的工作、明确的职业晋升通道以及工作与生活之间的平衡等多方面的因素。

同时，与职场前辈不同的是，新生代们将个人发展放在了职场选择非常重要的参考指标的位置上，特别期待能够在职场中持续提升个人能力，渴望自我价值的长期投资回报。

有专家认为，新生代们这种就业态度的变化可能与整体就业环境有关。近年来，受日趋激烈的市场竞争与突如其来的疫情影响，他们所面临的就业环境并不友好。"互联网大厂"纷纷减少招聘的名额，创业公司又缺乏充足的资金和稳定的发展前景。这些新生代毕业生们刚一踏入社会就要面临这样严峻的就业形势。因此，他们对于自己第一份工作的选择更加慎重，也更加务实。

其次，新生代们实际上是焦虑的一代。

有一项针对16~23岁年轻人的调查报告指出一个不容忽视的现象：年轻人们虽然对自己的科技技能充满信心，但是对充满不确定性的未来都怀着不同程度的担忧。

这种担忧背后的实质，其实是新生代们对"技能过时"的焦虑。这种焦虑与他们成长过程中的科技发展速度有关。以95后为代表的新生代们正经历着我国经济发展最为迅猛的阶段，科技创新日新月异，文化发展一日千里。今天还炙手可热的模式一转眼就变成明日黄花。单看智能手机的更新迭代速度，就能一定程度上理解这一代年轻人为什么会出现"技能过时"的焦虑。

因此，对他们来说，能否在未来的工作中不断接受新知识，持续迭代新技能，至关重要。

最后，面对面沟通是新生代们职场能力上的明显短板。

很多管理者认为新生代员工在职场上给人一种"我行我素"的既视感，实际上这并非他们故意使然，而是在他们身上普遍存在的能力短板——不擅长面对面沟通。图1是新生代们对自己沟通能力的调侃。

图1　新生代们对自己沟通能力的调侃

相较于之前的职场前辈们，新生代员工在职场沟通上表现出明显的差异：

在线上社交媒体上侃侃而谈、博古通今；

在线下职场沟通中面面相觑、沉默寡言。

他们习惯了互联网上的沟通方式，自然会在职场沟通中显得格格不入。

不过，走入职场之后的新生代们也在逐渐学习和适应工作中面对面沟通的方式，以提升自己的人际交往能力。企业可以提供一些保障机制来加速这个转变过程。比如，如果企业配备了员工活动场所，或者设计了专门的下午茶环节，就很容易增加员工之间面对面沟通的机会，拉近新老员工之间的距离，便于新生代员工快速融入企业文化。

为了适应新生代们丰富而多元的职场需求，很多公司会在提升工作氛围方面开动脑筋，一些科技园区、孵化园区为了配合入驻企业的需求，也会设置商业街、书吧、特色餐饮店、运动场等公共设施，以对这些新生代员工形成更强的吸引力。

综上所述，尽管很多管理者总是在抱怨"新生代不好管"，但在新生代员工们业已逐渐成为职场主力军的大背景下，管理者们只有放平心态，充分认识与了解新生代员工的心理特点与行为表征，学习适合他们的管理方法与工具，才是"解决问题"的不二法门。

笔者在多年管理咨询与互联网创业生涯当中，与以新生代员工为主要人员构成的团队有过多次深入、细致的接触，尝试解读典型管理案例背后的原因，并将解决方案总结成观点、理念和工具，凝结成这本《新生代管理之道》。透过现象看本质，验证假设找方法。本书将从"新生代员工不好管"这个管理现象入手，推导出引发这个现象的四种假设，再分析背后的原因，并给出相应的解决方案。本书整体逻辑框架见图2。

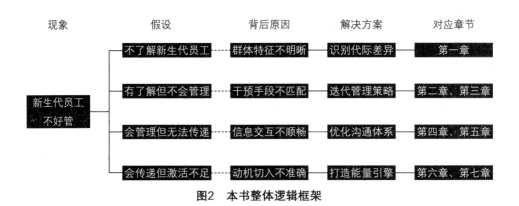

图2　本书整体逻辑框架

本书共有四个模块。

第一模块包含第一章，从"识别代际差异"入手，通过分析70后、80后、90后和95后在职场中呈现的不同特点，来为不同时代的员工分别描绘出他们的"用户画像"。

第二模块包含第二章和第三章，从"迭代管理策略"出发，依托盖洛普Q12管理工具的设计逻辑，着重区分业已失效的传统管理风格和行之有效的影响法则，进而引出匹配新生代员工特点的管理机制与方法。

第三模块包含第四章和第五章，从"优化沟通体系"着眼，重点介绍新生代员工更加习惯和适应的批评、表扬与反馈方式，帮助管理者尽早融入他们的语言体系。

第四模块包含第六章和第七章，从"打造能量引擎"切入，侧重探讨新生代员工的职场动机诉求，以便于管理者进一步激发他们的职场动能与热情。

四大模块，环环相扣，希望能为你与新生代员工们"炮火连天"的职场环境带来一些爱与和平。

现在，就让我们开始吧！

目 录

模块一　识别代际差异

模块二　迭代管理策略

模块三　优化沟通体系

模块四　打造能量引擎

模块一　识别代际差异

每一代人都有自己的特定成长环境，进而形成代际独有的特点和风格。

每一代人进入职场之后，也必然烙印着属于自己这一代人的职场特征。

70后、80后、90后是如今职场上的主力军，承担着绝大多数重要的经营任务。但随着95后进入职场并逐步成为生力军，团队成员的构成变得更加多元化，不同代际职业人之间的碰撞与矛盾也更加显性化。对不同代际职业人职场特征的识别与职场习惯的匹配，成为摆在团队管理者面前绕不开的"重要且紧急"的任务。

那么，如何管理好这支"混合部队"呢？笔者认为，至少要从两方面入手：

第一，要了解自己团队中不同年代成员的特性；

第二，针对特性有的放矢地选择管理方法与工具。

在本模块，笔者将与你一起来探讨几代职场人的职业特点，为他们描绘一下"职业画像"。

1

第一章

"后浪"对"前浪"
发起的代际战争

第一节　70后：服从组织，信服权威

　　70后员工的父辈"50后"成长在"一切行动听指挥"的年代，他们的教育理念、一言一行不可避免地对70后们形成了耳濡目染的影响。"服从组织、坚决执行"是70后职业人的显著特征。只要是组织上的安排、领导要求的任务，都是不折不扣地执行。

　　在选择工作时，70后员工更讲究专业对口、学有所用、稳定体面……符合以上特征的大型国有企事业单位就顺理成章地成为他们心中最理想的选择。

从职场偶像来看，70后们经历了激情澎湃的改革开放，他们的职场偶像大都是柳传志、褚时健这样的商业传奇人物，在经历了大起大落的人生之后仍然能够东山再起。

从职场风格来说，70后员工在职场大多趋于保守。在工作中谨言慎行、表现内敛，不轻易发表个人的看法，更倾向于与集体保持一致"随大流"。典型的特征是，70后员工对于工作任务更习惯由领导发起、自己执行，而非主动发起工作上的改变。当自己所持观点与领导不同时，往往选择说服自己，优先遵从领导的意见。

但这并不代表70后员工对领导类型没有好恶。相对于平易近人、和蔼可亲的领导类型，70后员工更习惯权威、专家型的上司，他们普遍认为资历深厚、杀伐决断的领袖才能让自己信服。

从人生价值体现上来看，70后员工在一定程度上有改造社会的理想，在工作能力方面表现出较强的专业性与排他性，大都会选择与自己所学专业相关的工作，强调工作特性的"深度"。比如，如果一个人学习的专业是新闻，那么他理想的就业方向一般就是主流媒体，去当记者、当编辑，以此延续专业的一致性。

同样，也许是受青年时社会主流文化熏陶的影响，70后员工对企业显现出极强的忠诚度，较少因为"委屈"或"薪酬"而主动辞职。除非是遇到诸如孩子上学或举家搬迁这种比较大的生活变动，才有可能考虑更换职业路径。

这种忠诚使得工作占据了70后员工的大部分时间与精力，同时带来一种现象：大多数70后员工认为不能也不应该把工作和生活完全剥离。他们即便是业余时间聚在一起，讨论的话题也大都是工作中的人和事，偶尔也会就近期宏观经济、社会热点等严肃话题进行交流，较少涉及娱乐与生活方面的话题。

总之，70后员工非常努力，以稳妥为原则，在职场中的摸爬滚打，历练出他们务实勤奋、踏实求进的职业作风。他们对待自己有很高的要求，对于企业有着较强的信任感和归属感，表现出稳重、冷静、有担当的职场素养。

但与此同时，不计其数的事务性工作和波澜不惊的职业发展，也造成了70后相对固执、墨守成规的思维，对新事物和新观点的接纳度不高是他们在职场中的最大缺点。

在70后员工的眼中，职场上要学会"忍"。他们更相信"忍一时风平浪静，退一步海阔天空"的社交法则。职场就是试炼石，要经历风雨，才能见彩虹。

第二节　80后：重视利益，强调价值

相对于略显"单纯"的70后员工，80后的职场人体现出更为综合和复杂的特点。80后们的父辈"60后"在青年时代目睹了经济发展带来的巨大变化，进而对于"利益"有了更高的诉求。这种诉求也潜移默化地影响了80后的成长历程，比起前辈，他们更看重"利益的交换"。在实际工作中，要求他们提升执行能力、改善成果质量，就得满足他们的要求。让他

们觉得干完这件事情对眼下的收入或未来的发展前景有具体、可预见的好处，他们才会贡献出努力与智慧。

从职场选择来看，80后的选择更加实际，偏好收入高、形象好的知名企业。曾有人这么调侃80后的择业标准：只要价钱给到位，能力保证全学会。无论国企、央企、私企，只要企业提供的福利、待遇优厚即可，而笼罩着高大上光环的外企更是备受80后员工青睐。

从职场偶像来看，80后员工在思想上接受了更多的文化冲击，在职场偶像的选择上更加扁平与多元，更佩服活跃在公众视线中的文化名人和流行偶像。

在80后员工眼里，理想中共事同事的标准相对简单：性格好就是真的好。工作中态度积极、容易打交道、好合作的80后最受大家欢迎。而那些工作能力强，但性格孤僻、不善社交的人即使被老板看重，也往往面临被其他人孤立的局面。

从行事风格来看，80后在职场中相对前辈们开放了许多，愿意实时表达自己的观点和想法。但随着职场竞争压力的不断增大，80后员工的职业焦虑要明显高于70后，这种现象进一步加剧了80后员工较少抱有理想主义、更重视实际利益的职场特点的形成。

对于上司，80后员工更倾向于具备强烈人格魅力的领导风格，认同强者文化，主张能者居之，强调分配公平。至于领导是否是具备"老资格"的老前辈，反而变得没有那么重要。"研究生学历的员工给小学没毕业的老板打工"这种情况70后几乎无法容忍，但是80后不太在乎。对于80后来说，学历和挣钱能力不挂钩。

从工作能力的角度，80后员工开始尝试将工作能力与自我价值挂钩，体现出相当顽强的韧性与抗压性。典型的特点是，他们工作时从事的职业与上学时所学的专业可能不对口甚至毫无关系，他们可以接受为适应职场的需要而不断开发、学习新的专业，强调工作特性的"广度"。笔者大学的专业是软件工程，如今已经完全转型成为职业的管理咨询师、讲师和连续创业者，愿意拥抱职业选择的多元化。

正因为这种多元化，80后员工的职业观也显现出一定的弹性，诸如薪酬增长慢、工作过于单调等都可能成为离职的理由。但值得一提的是，80后对于离职表现出相当的理性，不大会因为个人情绪、一时冲动而辞职，而往往会选择"骑驴找马"。只有当对薪资待遇或领导风格强烈不满、同时已经找到确定的下家时，才可能更换职业。

这种职业观的抽离，也体现在工作与生活的区隔上。80后员工在工作之余小聚时，往往会刻意回避工作话题，更喜欢聊一些时政消息、社会新闻或者娱乐八卦，以此来拉近朋友之间的距离。

与70后基本趋同的职业观不同，80后的职场人大体上分化为三类：

第一类是"佛系"的普通人，平淡中求生存。不求有功，但求无过。安稳度过职业生涯是他们的最高追求。

第二类是"进取"的精英，设立较高的职业目标，勇于自我挑战，把职业生涯中每一个关键节点都当作制高点而非最高点。

第三类是"摇摆"的中间派，迫于现实的经济压力，无法随遇而安，理想已经逐渐屈从于现实。很想追寻"诗和远方"，但不得不顾及"眼前的苟且"。他们不会给自己设计特别高的目标与要求。努力工作、创造价值，所图不过是希望能够在现在的生活水平上稍稍提升一点。

如今，80后员工中的职场精英已经跻身高层管理的一线梯队，他们学习意识很强，愿意为工作付出大量的时间和精力。但与此同时，他们也积累了最多的焦虑，前有70后职场领导牢牢把控，后有90后同事异军突起，如今95后的新人都已经逐步步入职场，"江山代有才人出"的情形进一步增大了他们的竞争压力，压缩了他们的职场空间。

即便如此，80后员工的职场观却一直没变：工作创造价值，辛勤积累财富；主动发生改变，一切皆有可能。

第三节 90后：叛逆显现，勇于试错

时代的车轮滚滚向前，90后员工踏上了职场舞台。与70后、80后不同的是，时代发展速度是如此之快，人们的成长环境、心智模式也随之出现了飞速的变化，管理理念也理应随之迭代与升级。十年的时间尺度已经不足以作为"代际差异"划分的标准了。因此，我们将目前作为职场主力的新生代员工进一步划分为"90后员工"与"95后员工"。

在这一节，我们先来明晰一下90后的职场特点。

90后员工从踏入职场就被贴了一个标签：任性。典型的表现方式是"一言不合，说辞就辞"。在上一节中我们谈到，在对待辞职方面，80后员工大部分会选择"骑驴找马"。在80后员工看来，"裸辞"这个行为，不是"对不对"的问题，而是"傻不傻"的问题。但做出裸辞的决定对于

90后似乎如吃饭喝水一般稀松平常，现实工作中这种案例比比皆是。一个85后员工小A在知乎上分享了自己公司的故事。

小A在广告公司的薪酬待遇不错、业务开展也比较顺利。唯一有些烦恼的是，老板是一个要求特别严格甚至严苛的领导，在公司里设置了各种各样的制度、条款，尤其崇尚加班文化，恨不得要求员工7天×24小时待在公司。小A的文案同事J姐，业务能力精湛，工作态度勤恳。但由于家里老人与小孩需要照顾，不能每天跟着加班。老板就觉得"每个月拿着一万多的工资，却因为要照顾家庭不能跟团队一起加班。即便工作能力再强，还是亏了。"

于是，老板将目标转向了"一人吃饱，全家不饿"的年轻人。经过筛选，以月薪15000元的高薪招聘90后员工小T作为新的文案人员。在J姐将工作与客户完整交接之后，老板就把J姐辞退了。

出乎意料，J姐离职半个月后，小T也递交了辞职报告。辞职理由是"受不了这么'作'的老板"，以及"工作占用了太多我的个人时间"。

这就尴尬了，老板对J姐的不满源于"拖家带口的80后"顾及家庭很少加班，但身为"单身贵族"的90后小T为了享受生活却完全拒绝加班，并且扭头就走、毫不犹豫。没办法，老板只好再次联系J姐，结果人家已经在新的公司入职了。

这个帖子真实地反映出两代人职场观念上的不同。大家都不喜欢挑剔、严苛的老板，但"看在钱的面子上"，拖家带口的80后员工选择了忍让，"心里发牢骚，身体却诚实"；而任性随意的90后员工选择了拒绝，"非我心仪，说走就走"。

曾有人搞出了一个"工作性价比"的计算公式（图1-1），从薪酬、环境、工作时长等多种因素来评判工作是否称心，并号称"拒绝性价比低于0.8的工作"。

$$工作性价比 = \frac{平均日薪 \times 综合环境系数}{35 \times （工作时长 + 通勤时长 - 0.5 \times 总工时长）\times 学历系数}$$

图1-1　工作性价比计算公式

正是由于90后员工以上这些行为，让他们在许多管理者的心里被贴上了"浮躁""缺乏职业精神和职场定力"的标签。

其实，90后员工这种职业观同样和他们的生活环境有很大关系。

第一，90后员工大都拥有相对舒适的家庭成长环境，他们的父母是新中国第一批完成了原始财富积累的人群，在"421"的家庭结构（四个老人、一对夫妻、一个孩子）中享受着几代人的精神宠爱与物质供应，这让他们拥有了不必在一份工作中"委曲求全"的底气。

第二，90后员工非常注重个人感受，更追求自我价值的实现。不管面对什么环境和状况，大都以自我感受为重。

第三，90后员工在职场更加要求尊重、回报和公平。尤其对于"公平"这一因素，比前辈们看重得多。中国式的关系突出情感维系和利益实现，这种情况下，对于那些没有"关系"的员工而言，其工作投入与绩效结果、绩效结果与总体报酬、总体报酬与工作满意度之间的稳定性都会受到较为严重的干扰。而面对职场中的不公平对待，90后们比职场前辈们更加敢于发出反对的声音。

第四，90后员工受教育程度更高，总体来说也拥有更强的自我学习与快速学习的能力。思维更加跳脱，不喜欢墨守成规，因此可以更快适应新事物的需要。随着数字化技术的发展，新商业模式喷涌而出，90后员工的这种特性让他们比前辈更容易上手和适应新的工作业态，对"找工作"没有太高的紧张感，因而也就更容易做出辞职换工作的决定。这与他们的父辈60后、70后"对单位忠诚"的观念形成了鲜明的对比。

第五，90后员工更习惯通过"职场试错"来识别和确认自己的兴趣方向。很多人大学毕业后在迷茫中匆匆开启自己的职业生涯，但在接触到实际工作内容之后，才会辨别出什么是自己感兴趣的、什么是自己完全不想做的。尤其是当实际的工作模块与当初在学校学习的理论知识存在着非常大的差异时，90后员工更倾向于通过换工作的方式来及时进行"止损"。

如今，职场上的90后员工有一部分人已经到了不能再继续试错的阶段，慢慢开始选择适应，并向80后的职场观贴近。

第四节　95后：个性十足，特点鲜明

相对于90后与80后的"趋同"，95后员工还处于棱角未平的职业生涯初期，正处于愿意试错、不怕试错的阶段，更愿意在试错过程中规划自己的未来。他们对于职场有一些更为细致的理解。这一节着重从以下四点进行分析。

第一，不惧怕工作高压，但要求符合兴趣。

与很多人的固有观念不同，95后员工其实并不抗拒高压的工作。确切

点说，他们只是对不感兴趣的工作的容忍度极低，以至于给人留下了不能吃苦耐劳的固有印象。但一旦工作内容涉及他们感兴趣的领域，那就"根本停不下来"，甚至加班也要做点样子出来。

笔者经营的连锁健身房里有一名95后的动感单车教练"小V"，广告设计专业出身，自考了健身教练的系列认证。专业技术扎实，授课态度亲和，广受学员们的好评和喜爱。唯独有一点，她不喜欢参加健身房营业时间结束之后的"夕会"，认为这种会议意义不大，是纯粹地浪费时间。尤其抗拒整理上课记录、私教记录等报表类的"单调工作"，让门店店长十分头疼，多次找笔者投诉。

笔者就此事找小V做了一次讨论，她的观点是："我的精力应该投入到更有价值的事情，比如研发新的健身课程或者其他更感兴趣的事情中去！比如咱们的LOGO太丑了。你要是愿意，我给你做个新的出来！"

笔者觉得颇为有趣，就和她达成共识：

一是每两周研发出一个新课（新背景音乐搭配单车节奏动作），并在健身房内对其他教练进行培训；

二是一周之内设计个健身房的新LOGO。

如果都能达成，笔者就让店长负责接手她的相关报表整理工作。

笔者本以为这会是一个相对困难的任务，没想到第二天一早，小V就发了一张图片（图1-2）给我，还附上了一句短信："看看这一版设计，对得起我昨晚的通宵不？"

今天，这个LOGO已经成为健身房的主要标志，小V也保持着两周出一门新课的高频次，而"单调、枯燥"的报表整理工作，在笔者的"劝

图1-2　小V设计的"轻刻运动"的门店标志

说"之下，只好由店长承担了。

第二，不强调绝对薪酬，要求工作与生活平衡。

很多95后员工给人留下了"不差钱"的豪横印象，但实际上，95后员工并不是不在乎钱，他们只是"不只在乎钱"。在他们的观念里，薪酬只是衡量工作成效的标准之一，但生活中还有更多有价值的事情不能用薪酬衡量。

同样以加班为例，95后员工加班的态度有自己坚守的原则：

首先，加班要付加班费，劳动力不是无偿的；

其次，加班要看自己有没有时间，不能与个人的日程安排相冲突；

最后，加班更要看自己有没有心情，"有钱难买我愿意"。

这三点在大多数老板看来简直是"大逆不道"，既然我给你发了工资，你就应该遵从我的要求，这是天经地义的啊！

但在95后员工看来，老板们的这个想法才是莫名其妙。工作只是签订劳动合同，不是卖身契。

你给我五千块工资，我付出五千块工资相应的劳动。

你给我五千块工资，让我干一万块工资的活儿，那是老板不懂事。

老板既然不懂事，我要是还不离职就是我不懂事，"在下告辞！"

如果不懂事的老板还要恶意克扣工资，那就让老板见识一下法律的威力。

双方三观不合，矛盾自然激化，在说服无果的情况下，95后们拂袖而去，老板们只能悻悻地抱怨："年纪轻轻不好好干活，整天就想着多要钱！"

第三，不寻求领导是"大咖"，但要求务实与亲民。

对于70后、80后来说，职业路径走到老板或者是公司的高管，就意味着职业生涯的成功，对其带着一种天然的敬畏感，但这种敬畏感被95后员工完全忽略了。

在95后员工看来，所谓领导不过就是进公司更早的同事而已。老板与员工是合作共赢的关系，彼此只有分工不同，并无尊卑之分。员工需要做好本职工作，老板也一样要做好自己的本职工作。因此，他们更愿意和领导保持更平等的相处关系，拥有更多平等的对话空间。领导可以是慧眼识珠的伯乐、互相支撑的同事、志同道合的伙伴，但一定不是等级森严的"上司"。

第四，看重公司实力，更看重发展前景。

前文我们讨论过，70后员工更中意铁饭碗的大型国企，80后员工更青睐高大上的大型外企。这些企业特征几乎都是规模庞大、前景稳定、等级固化。而这几点，偏偏都是95后员工择业观中的"逆鳞"。"世界这么大，我想去看看"的故事时有发生。

为什么会出现这样的情况？

一方面，在95后员工看来，实力强大的公司也意味着按部就班、波澜不惊。而初创的小企业反而蕴含着无限可能，更有利于自己大展拳脚，在职场中获得成就感与认同感。

另一方面，商业发展日新月异，新技术、新模式层出不穷。而大企业由于固有的经验，极易落入"创新者的窘境"，新型的创业企业反而可能在新赛道上"弯道超车"。比起当下的企业实力，95后员工更看重未来发展的前景，以及匹配前景的新潮知识与技术。

今天的90后已经或多或少趋向80后的职场观，但95后们还保持着更为鲜明的职场特征：

（1）不惧怕工作高压，但要求符合兴趣。如果工作内容是感兴趣的模块，甚至可以主动加班。

（2）不强调绝对薪酬，但要求工作与生活平衡。珍惜自己的时间与精力，拒绝被公司"压榨"和"免费使用"。

（3）不寻求领导是"大咖"（某领域里的成功人士），但要求其务实与亲民。需要与领导平等对话的平台。

（4）看重公司实力，更看重发展前景。尤其重视能否在工作中收获更大的空间与更高远的见识。

综上所述，95后员工比之前任何一代，甚至是比自己仅仅早五年进入职场的90后们更看重个人价值的实现，不愿意在重复无趣的工作中浪费自己的时间和精力。

第五节　时代加速发展催生代际战争

本节我们来探讨一个话题，95后员工展现出如此多鲜明的特点，以至于与前辈们格格不入，背后的原因究竟是什么？

实际上，今天把各种"不靠谱"的帽子扣在新生代员工的头上，是一种"多年的媳妇熬成了婆"的不负责任的表现。

扪心自问，我们小时候有没有干过让爸爸一看就眼眶发青、血压上升的荒唐事儿？肯定是干过的。

爸爸小时候有没有干过让爷爷一看就眼眶发青、血压上升的事儿？肯定也干过。

不同年龄层次的人群之间的代沟在任何时代都是存在的，令人疑惑的是，为什么如今以95后员工为代表的新生代们与我们之间的代沟是前所未有的巨大？

原因当然可能有很多，但在笔者看来，一个被很多人忽略的重要原因，是时代发展的加速度。

在我们的父辈及之前的时代，整个社会发展速度比较慢。那个年代有一个颇具时代气息的词——接班，父亲在退休之前，将本事教给儿子，儿子学会了这些本事之后，就可以完美地胜任工作的各个方面。"接班"这种现象之所以能够存在，就是因为时代发展的速度比较慢，老一辈的经验传承对青年一代的职业发展有举足轻重的作用，长辈们拥有绝对的话语权。

到了70后、80后成长的时代里，社会发展速度开始加快，一些新事物开始出现，长辈们开始慢慢"看不懂这个世界了"。有两个典型的现象：

第一种现象是大学中出现了一些长辈们没听说过的专业。笔者本科学习的专业是软件工程，当初父亲对我这个选择嗤之以鼻，在他看来，学好数理化，走遍天下都不怕，而"编程"不过是虚无缥缈的奇技淫巧而已。他坚持着这个观点念叨了我好多年。直到后来互联网行业井喷式的发展，他才收回了当年的"成见"。

第二种现象是大学学习的专业和之后从事的职业也可能不是一样的。笔者本科毕业后做了很短时间的程序员，马上转型加入了管理咨询行业，深耕十年后选择自主创业开起了连锁健身房（图1-3）。这一系列的变化又让父辈大跌眼镜。在汹涌的变化面前，长辈们的经验已经不足以帮助晚辈们做出职业上的最佳决策，我们会更多地观察社会的潮流，以及参考同辈之间的建议。

图1-3　笔者的不同身份：管理咨询师、健身房老板

到了今天这个数字化时代，社会发展的速度是如此之快，新模式、新业态此起彼伏，新观念、新方法层出不穷、眼花缭乱。长辈们根本无法理解新生代的工作模式和特点，年长者反而要向晚辈学习。

谁掌握了话语权，谁就掌握了权威。

笔者认为，这才是新生代们与前辈之间如此大冲突的根本原因。企业的高层领导们还习惯依靠经验塑造的权威来指挥团队，新生代们却凭借着时代发展的速度要求平等的对话，而被夹在中间的中层管理者们势必面临着"上下夹击"的尴尬。

知己知彼方能百战不殆，只有我们掌握了不同代际职场人的特点，才能更好地去接触他们、理解他们、指导他们、影响他们。为了从管理困境中破局，我们有必要学习一些不同以往的、更贴合新生代员工实际的管理观点、技巧和方法。

带着这个目的，请翻开下一章吧！

模块二　迭代管理策略

在了解了不同代际的员工"画像"之后，从本模块开始，笔者将和你一起讨论管理新生代员工的观点与策略。如果用一句话描述这些观点与策略，即：从管理，到领导。

约翰·P. 科特教授在《变革的力量》一书中提到这样一个观点：当我们扮演管理者角色的时候，我们首先要给员工制订计划，一旦制订好计划，就要组织、调动相关的资源来执行这个计划，并在执行的过程中实时控制，避免出现偏差。这就是扮演管理者角色时常见的三个主要行为：制订计划、调动资源、控制过程。

而当我们扮演领导者角色的时候，首先要为员工明确方向。面对整个团队，每个人都有自己方向的时候，领导者要学会整合并统一大家的方向，达成共识。而一旦达成共识，大家都朝着一个方向奋斗的时候，领导者要伴随过程不断激励与鼓舞人心，这就是扮演领导者角色时常见的三个主要行为：明确方向、整合共识、激励人心。

这两个角色、六种行为在新生代员工的管理当中体现得淋漓尽致。作为新生代的管理者，我们在日常工作中，也时常需要在这两种角色中不断切换。

要为新生代员工明确方向。为了实现目标方向，需要制订计划。计划并不是由管理者一个人完成的，而是需要这些新生代员工与管理者一起协同作业，达成共识。一旦团队拥有了共识，管理者就开始调动资源为他们执行计划保驾护航。而开始工作之后，管理者还需要施加感性的手段——不断地激励和鼓舞，让大家有热情地投身工作当中，以及理性的手段——对他们的成果质量进行控制，以达成管理者想要的结果。

因此，管理者和领导者这两种角色，交织在一起，你中有我，我中有你。对照这样的理念回顾我们自己的管理行为，会发现很多误区和隐患：

（1）我们很善于制订计划，但我们带领着新生代员工一起明确方向了吗？

未必。

很多人不会主动去设置自己的个人目标，只是为了完成工作业务而已，对方向并没有很强的感知，企图感不强。

（2）我们很习惯调动资源，但我们真的为了让新生代和我们达成共识花心思了吗？

不一定。

我们只是习惯了下命令要求他们按照我们的指示去做，正如我们之前的领导对我们所做的那样。

（3）我们很喜欢控制过程，但我们真的对新生代进行有效的激励鼓舞了吗？

不好说。

我们往往聚焦于业务目标的完成情况，而忽略了对员工在完成业务过程当中的状态的关注。而当他们出现了困惑、迷茫与倦怠的时候，也只习惯于用传统的"胡萝卜＋大棒"方式对他们进行催促。

……

我们有计划，但是计划没有变化快。

我们去努力调动资源，但是依然资源匮乏。

我们虽然强调控制，但是依然很难完成公司下达的任务目标。

总结来说，我们在"管理者"的角色上扮演得不错，但在"领导者"的角色上做得不够好。结合第一章对新生代员工特质的剖析，我们会沮丧地发现，管理的部分做得再好，领导的部分匹配不上，依然事与愿违。

从本模块开始，将探讨关于管理新生代的策略和方法。这些策略中既有"管理者"所需要关注的"事"，更有"领导者"需要关注的"人"。本模块的第二章，会详细介绍一个广泛流行的管理工具——盖洛普Q12，并依照这个工具展开对新生代管理维度的检视；本模块的第三章，会从"领导者"角色出发，重点探讨影响新生代员工的观点与方法。

第二章

基于Q12的管理理念与策略

第一节　逻辑框架：盖洛普Q12的问题介绍

　　全球知名的调研咨询公司盖洛普的创始人乔治·盖洛普认为，要想把人管好，首先要把人用对；其次给他创造环境，发挥他的优势，让他对自己所在的团队产生一种依赖。盖洛普将这种依赖看作管理员工的根本，并称之为"敬业度"。

　　为了帮助团队管理者更好地衡量员工的敬业度，盖洛普对选自12个不同行业的24家公司的2500多个经营部门展开调研，对105000名来自不同公司和文化的员工的工作态度进行数据收集和分析，并在此基础之上整理出12

个他们认为最能影响员工敬业度的关键问题，这就是著名的盖洛普Q12。

盖洛普Q12分成四个阶段：我的获取、我的奉献、我的归属和我的发展，见表2-1。

表2-1　盖洛普Q12

我的获取	给我方向	1. 我清楚地知道公司对我的工作的要求
	给我工具	2. 我有做好我的工作所需要的材料和设备
我的奉献	了解我	3. 在工作中，我每天都有机会做我最擅长做的事
	帮我认识自身价值	4. 在过去七天里，我因为工作得到他人的认可或表扬
	关心我	5. 我觉得我的上级或同事关心我的个人情况
	帮助我发展	6. 工作单位有人鼓励我的发展
我的归属	倾听我的呼声	7. 在工作中，我觉得我的意见受到重视
	帮我认识自身重要性	8. 企业的使命/目标使我觉得我的工作重要
	使我自豪	9. 我的同事们致力于高质量的工作
	帮助我建立相互信任	10. 我在工作单位有一个或一个以上很要好的朋友
我的发展	帮助我回顾我的贡献	11. 在过去六个月内，工作单位有人和我谈及我的进步
	挑战我	12. 过去一年里，我在工作中有机会学习和成长

如果希望员工深度融入团队，创造好的绩效，除了需要员工有积极的意愿和足够的能力之外，也需要管理者匹配足够的管理支持。当管理者的支持效果比较到位，员工们就会体现出更高的敬业度。盖洛普Q12的结果就是衡量员工被支持的效果的量化指标。员工对照这12个问题进行自评，最符合的打5分，最不符合的打1分。这些问题不仅有严格的理论支持，还有全球大量的样本数据支撑。如果某个问题得分比较低，就说明管理者在相应方面的支持效果不够好，需要有针对性地对症下药。

本章将探讨如何基于盖洛普Q12的问题维度来管理新生代员工，提升他们的工作成效以及团队归属感。

第二节　我的获取：满足新生代的工作前提

盖洛普Q12的第一部分被概括为"我的获取"，主要衡量的是员工投入工作的基本条件，是所有工作的前提。这一部分包含两个问题。

Q1：我知道对我的工作要求吗？

这个问题是提醒管理者，需要在实际工作中首先帮助员工明确工作中的要求与标准。

很多管理者常常会误将工作岗位与工作内容相混淆。比如最常见的销售岗位，不同公司对销售岗位的具体定义、岗位要求的具体工作可能截然不同、五花八门。

A公司的销售岗，具体的工作要求是：每天与20个客户电话沟通，并在沟通结束后及时在CRM（Customer Relationship Management，客户关系管理）系统上详细记录沟通内容。

而B公司的销售岗，具体的工作要求则是：每周拜访3个重点大客户，并拿回销售线索。

作为新生代员工的管理者，这道问题在提醒我们，要让每个员工清楚地知道自己的工作要求，具体来说可以分为以下三点。

（1）该岗位的具体职责是什么？

（2）该岗位最近的主要任务（目标）是什么？

（3）该岗位的核心任务完成的标准是什么？

很多新生代员工在工作中感到迷茫，一个重要的原因，就是这三个问题没有搞清楚。很多员工加入一家公司后，常处于三不管状态，只有一个岗位名称，并不清楚实际工作内容。领导没说，自己也不问。

如果管理者什么都不说就放手让员工去做，员工就只能对照岗位说明书，依照自己的理解开始工作，工作起来没有核心的目标与抓手，很快就会陷入对目标不清晰的境地，进而对工作产生模糊和摇摆心理。核心目标无法完成，自然也就没有价值感。

陈春花教授在《管理的常识》中分享了一个观点：所谓管理，就是要做好一系列决策。而这些决策中最核心的部分，是让你的员工明白，日常工作中什么工作是最重要的。

值得一提的是，很多管理者能够与员工清楚地说明岗位职责和工作目标，但是往往容易忽略"任务标准"的制订，这就可能会让员工陷入对标准认知不清的迷茫当中。比如，很多企业都要求对待客户要热情，但对于"热情"的标准，不同的地域是不统一的。南方人比较腼腆，可能认为点头微笑就是热情；而北方人更为豪爽，可能认为用力拥抱才算热情。因此，管理者需要给新生代员工描述清楚任务标准的程度。多说确定的话，少说模糊的话。

具体的工作要求和工作标准，不但要和员工讲清楚，还要定期抽查。事实上，这是很容易被一些管理者所忽略的事情。因此，管理者在任何同员工沟通工作的时候都需要格外关注，员工是否明晰了阶段性的工作目标？员工是否正确理解了工作的要求标准？

Q2：我有做好我的工作所需的材料和设备吗？

这个问题是在提醒管理者，需要关注对员工工作的资源支持是否到位。

向员工提供做好工作所需的材料和设备是支持员工工作的首要行为，

同时也是最大限度发挥员工潜力的前提基础。作为管理者，一定要在日常工作中仔细观察这些新生代员工，弄清楚他们在工作中需要哪些支持、需要解决哪些问题，我们可以为其提供哪些资源……最简单的方式就是定期和员工直接就这些话题进行沟通，沟通的维度包括但不限于以下几种。

（1）员工完成工作是否需要公司在人员方面给予支持。如果人手不足，是否可以从团队内部调动或者外部招聘。

（2）员工完成工作是否需要公司在财务方面给予支持。如果预算不足，是否可以以相关物料、赠品等作为支持。

（3）员工完成工作是否需要公司在制度和政策方面给予支持。例如，如果确实是忠实客户或者大客户，是否可以适当给予一些优惠政策。

盖洛普Q12第一部分的两个问题，是新生代员工们开展工作的基础。俗话说"基础不牢，地动山摇"。管理者一定要时常检视这两个问题中的各项维度，确保工作要求描述清楚、工作资源支撑到位。

值得一提的是，企业里的员工几乎来自五湖四海，为了让截然不同的他们保持一致性行为，管理者还需要将这些工作的标准加以总结，落实成制度等行为准则。笔者经过多年的观察，发现一个现象：70后、80后的员工，可以接受工作要求的不明确。因此，才有了传统的岗位说明书中的最后一项：完成领导交办的其他临时性任务。

而以95后为代表的新生代员工，无法接受任何模糊带来的不确定性。因此，在盖洛普Q12的第一部分中对于新生代们的管理支持行为，一定要以明确的说法形成确定性的方案，尽可能减少其中可能带来的推诿和扯皮等隐患。

下面分享一个让管理制度真实有效发挥作用的原则：制度执行的火炉原则。

1. 警告性

一个火炉烧得很旺，似乎是在提醒路过的人："不要碰我，碰我必烫伤！"这是制度执行的火炉原则的第一条——警告性。团队中的制度一旦建立，就应该大张旗鼓地颁布并深入彻底地宣贯，确保团队中的每一个人都了解制度的具体细节。

2. 即时性

小A经过火炉时，不相信火炉很烫，于是伸手偷偷摸了一下。只要摸了火炉，手上立刻就被烫起一个泡。这是制度执行的火炉原则的第二条——即时性。如果当时小A摸完火炉后安然无恙，三天之后才起了个火泡，监管者就很难对他进行责罚，因为这三天他还摸了太多的东西，你不能确定是什么让他烫了泡，容易陷入推诿和扯皮的境地——管理上很忌讳秋后算账。笔者在给健身房的教练团队们开会的时候时常笑称："邱老板从来不记仇，因为有仇我当场就报了！"背后的依据就是火炉原则的即时性。

3. 公平性

旁边的小B看到小A被烫了泡，哈哈大笑，说："你太差了！我来试试看！"结果自然而然地，他也被烫了个泡。这就是制度执行的火炉原则的第三条——公平性。在前文的用户画像中我们谈到过，新生代员工对于"公平"这一因素无比看重，如果制度落实不能一视同仁，就会立刻变为形同虚设的纸面文章。

4. 延续性

很多的制度毁于前三点，而最多的制度毁于第四点。小B被烫伤后，抹上烫伤药，贴上创可贴，开始养伤。一周之后，伤痊愈了。他认为自己"成长了"，于是又去尝试摸了一下火炉，又被烫伤了。于是他继续抹上烫伤药，贴上创可贴，再次养伤，一周之后认为自己"又成长了"，于是再去……只要火炉还点着，小B摸几次，就会被烫伤几次。这是制度执行的火炉原则的第四条，也是最重要的一条——延续性。

在团队中，有太多的制度因未遵守延续性而最后失去效果。

第一次触犯，罚！

第二次触犯，罚！

触犯的人太多了，制度就慢慢地不执行了。因为大家都知道一个词——法不责众。而一旦制度的公信力下降，再建立起来就是非常困难的事情。

以上，便是制度执行的火炉原则。管理者在满足新生代员工的工作前提条件的时候，一定注意为其塑造一个执行的环境。每一个制度都应该遵循火炉原则，一旦制度失效，以后的管理动作都很难让他们持续贯彻下去。因此，每当你计划要执行一个制度的时候，不妨回想一下这四个标准：

火炉烧得很旺——警告性；

摸一下被烫——即时性；

谁碰都被烫——公平性；

碰几次烫几次——延续性。

第三节　我的奉献：支持新生代的工作成效

盖洛普Q12的第二部分被概括为"我的奉献"，主要讨论在满足了工作所需的基本条件之后，员工是否能够有效胜任工作，并在出色完成目标之后及时得到认可。这部分包含四个问题。

Q3：在工作中我每天都有机会做我最擅长的事吗？

这个问题是在提醒管理者，应当结合员工的优势进行工作任务的分配。

知人善任是当今新生代员工的管理者们面临的最重要挑战。员工只有在工作中发挥其所长时，才能充分发挥其潜力。当一个员工的天生优势与其所担当的工作相吻合时，他才可能更出类拔萃。

管理学家劳伦斯·彼得曾经提出过一个"木桶理论"（又称短板原理）：一只木桶能盛多少水，并不取决于最长的那块木板，而是取决于最短的那块木板。任何一个团队的各个员工的水平往往参差不齐，而劣势部分往往决定整个团队的水平。因此，管理者的职责应该是发现每个员工的"短板"，并尽早补足它。

这个理论在70后、80后员工的时代非常流行，但是在新生代员工进入职场后的今天，传统的短板原理已然过时。专业的高度细分让补齐所有短板的成本变得极其高昂，而飞速发展的移动互联网技术进一步打破了信息不对称，使得合作成本变得越来越低。外部环境的这个变化也催生团队管理观念发生了根本性的改变。

由于找到合作者的机会和成本都越来越小，与其花精力补齐自己的短板，不如花同样的时间和精力，把自己的长板优势最大程度地发挥出来。

因此，现在流行的团队管理观点是，不要求员工"查缺补漏"，而要求员工有一块足够长的"长板"，能够将自己的优势发挥到极致，其他的并不擅长的能力，则可以通过合作的方式来进行补齐。

● 如果市场营销不擅长，可以聘用更有经验的广告、宣传公司；

● 如果在人力资源上有所欠缺，可以借助各种人力资源咨询机构的专业力量；

● 如果合同条款看不懂，有无数优秀的律师可以为你提供帮助……

基于这种变化，管理学家们也对过往的理论进行调整，从过往取长补短的短板原理，逐步演变成了扬长避短的长板效应：当你把桶倾斜，你会发现能装最多的水决定于你团队中的长板，围绕这块长板开始发展业务布局，再通过合作的方式补足其他的短板，就能取得优秀的团队绩效。不看短板有多短，而是看长板有多长，关注优势比补齐劣势更加重要。

长板效应为今天的管理者提出了新的要求：能够尽可能地去发现每个新生代员工身上的优势特点，并结合优势特点将其放在正确的工作方向上。

盖洛普Q12问卷背后的基本假设也是基于优势理论。研究发现，当人们了解并发挥自身的优势，他们的生活和工作就会出现变革性的变化。每天都有机会发挥自身优势的人，较其他人的敬业度高出六倍，并有多三倍的可能拥有高质量的生活。

基于这样的理念，盖洛普公司专门推出了识别员工优势特点的测评系统——克里夫顿优势识别器——来帮助管理者识别员工的优势特点。盖洛普认为，员工的优势由才干（天赋）、知识、技能和实践组成，每个人都拥有这几项因素的独特组合。在日常工作与生活中，人们发挥优势去工作、达成目标，并与他人互动。而成功的人都是从其突出的天赋着手，然后再学习技能和知识，并加以练习。以这样的方式，天赋会产生乘数效应。即：

优势＝才干（下意识的思考方式、感受方式和行为方式）×投入（投入到练习和开发技能、学习基础知识上的时间）

而不足方面，没那么重要，可以由外部合作来弥补。

- 对于数字精确极为敏感的员工，就多安排他做市场数据的分析与整理。文笔是否流畅，没那么重要。

- 对于写作水平非常高超的员工，就多安排他做汇报材料的撰写与优化。逻辑是否缜密，没那么重要。

- 对于逻辑思维特别清晰的员工，就多安排他做经营问题的分析与解决。沟通是否顺畅，没那么重要。

- 对于舞台表演有感染力的员工，就多安排他做汇报演讲的表达与呈现。形式是否统一，没那么重要。

……

有人认为，只要一不涉及人品（比如诚信有问题），二不影响优势的发挥，大部分人身上的大部分缺点其实都可以忽略。关注员工的优势，把有优势的员工放在合适的位置上，并且用人所长，使他们的能力在岗位中更加突出，这是作为新生代员工的管理者需要特别注意的关键理念之一。

Q4：在过去的7天里，我因为工作出色而受到表扬吗？

这个问题在提醒管理者，需要重视对新生代员工及时、正面的激励。

认可与表扬如同建设良好工作环境的砖与瓦。作为个人，我们都需要获得认可，以及由此而生的成就感。传统的管理模式崇尚"胡萝卜＋大棒"：发现员工表现出色的地方，并且及时地指出，这叫正面激励，也就是俗话说的表扬；发现员工工作中出现的问题，并且及时纠正，这叫负面激励，也就是俗话说的批评。

在过往大多数的团队中，批评的多，表扬的少；负激励为主，正激励为辅。这种模式效果究竟怎么样呢？管理专家们曾经做了一个管理试验，设计了三种管理场景，来针对性地观察敬业员工和怠工员工的比例。

（1）不反馈模式：员工做好做坏都不去管。也就是一般说的"放养式管理"，布置完工作任务后就变成甩手掌柜，不闻不问。

（2）负激励模式：很少表扬，但只要员工做得不好就立即批评。这类管理者常见的口头禅是"××，你的优点我就先不说了，我们今天来重点说说你的缺点"。

（3）正激励模式：很少批评，但只要员工做得出色就立即表扬。

最后的试验结果表明，这三种管理模式下敬业和怠工的人员比例分别是1：20，2：1和6：1。也就是说，以正面激励为主的第3种模式，对提升员工的敬业度最有帮助。

既然正面激励对新生代员工这么重要，管理者要怎么做呢？

我们先来分享管理学中一个关于正面激励的"嗑瓜子原理"，它通过描述人们嗑瓜子时候的情形来说明激励他人的观点。

（1）嗑瓜子这个行为，基本人人都会，并且无论是否喜欢，所有人都很容易拿起第一颗瓜子。

（2）嗑瓜子这个行为，一旦开始，就基本停不下来，可能中间会被一些事情打断，但回来后往往会继续这个行为，直到吃光为止。

（3）当吃光瓜子后，报纸上会堆放着一个瓜子壳堆成的"小山"，这个场面会让很多人产生一种"任务完成"的成就感。

究其原因，我们可以从嗑瓜子的行为中发掘出正面激励的几个基本要点。

1. 正面激励要简单

因为简单，人们才容易开始这种行为；因为简单，人们才容易掌握技巧、逐渐熟练，并且不断改进嗑瓜子的方法。学习嗑瓜子的简单过程增强了人们的自信，在潜意识中，人们期望享受这个过程。

与此相悖的是，很多管理者，往往会将激励措施制订得无比复杂，而新生代员工们习惯"直接"的性格特点，会让那些复杂的激励措施的效果急速下降。

2. 正面激励要即时

每嗑开一颗瓜子，马上就会享受到一粒瓜子仁。对嗑瓜子的人来说，这是一个即时性的回报。就是这种即时回报"微妙"地激励着他不停地嗑下去。

习惯"延迟满足"是相当难得的能力，大多数人还是非常在意即时激励。因此，盖洛普Q12中的第四个问题也为管理者指出了一个行动方向——即时发现员工工作中展现出的亮点，七天中至少要表扬每位员工一次。

3. 正面激励需要阶段性总结

看着瓜子壳堆成的小山，人们会有成就感。同样，除去"即时激励"

之外，管理者也可以在阶段性的时候（月例会、季度例会等），将员工这段时间做出的成果做一个集中性的呈现，这会再次加强他的成就感和感知度，进而再次提升他对工作的敬业度和投入感。

如果管理者精力相对分散，也可以借助团队其他人的力量来发现员工的优点。例如在团队例会上设计一个环节，给团队的每位同事发言机会，来表扬或者感谢一次团队中的其他伙伴。而最后没有被提及的人，再由管理者来补充。

值得一提的是，笔者曾经将亲自交付的所有咨询项目中使用过盖洛普Q12问卷的数据做了汇总统计（图2-1），Q4这一项的平均分数要远远低于其他题目。可见多数管理者对于激励员工方面都存在着意识的欠缺和能力的不足。"嗑瓜子原理"只是其中的一个基本观点，更多的方法与技巧将在第四模块（第六章、第七章）中做深入、细致的探讨。

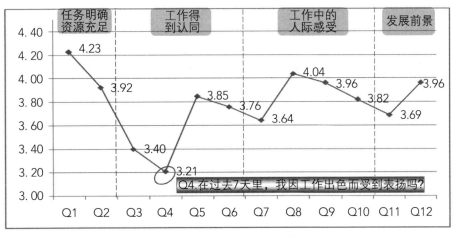

图2-1 盖洛普Q12平均分数图

Q5：我觉得我的主管或者同事关心我的个人情况吗？

这个问题在提醒管理者，要真切地关心新生代员工们的个人情况。

关心新生代员工的个人情况，有两层意思：一方面，管理者要更深入地了解员工的个人生活与交际圈层（这部分内容将在第三章第一节"真切关心，赢得新生代的接纳"中做详细的阐述）；另一方面，管理者也要注意在关注组织目标达成的同时，关注员工个人目标的实现。

经理说："小A，今年还剩最后一个季度，咱们一起多多努力，完成500万的订单收入目标，争取团队排到全公司前三！"

而员工小A听到这段话的时候，心里真实的想法没准是："明年就要和女朋友领证结婚了，我得琢磨琢磨买个房。"

经理的动员讲话和员工的内心独白，反映了大部分团队的现状——管理层和员工因为职责与立场的不同，推动各自工作的真实目的也不同。管理者更关心团队目标是否能够达成，比如500万的销售业绩、团队排名全公司前三……但推动新生代们努力工作的真实动力，往往是他们的个人目标。双方的诉求点并不一致，效果自然也不尽如人意。

那么，管理者应该如何应对这种场景呢？

管理学大师稻盛和夫曾经分享过一个观点：团队中的所有人能够凝聚在一起，一定是因为有一个共同的目标。其中的关键词"共同的"给我们指出了解决问题的方向。

团队目标与个人目标当然都很重要，但团队目标与个人目标有交集更重要。对于新生代员工而言，如果他工作了一段时间之后忽然发现，领导要求的团队目标和他自己的个人目标竟然没有一丝丝交集，大概率他会

"及时止损"，寻求加入更贴近自己个人目标的团队。

因此，作为新生代员工的管理者，在授权授责、分配任务的同时，也要注意去关心员工的个人目标，努力寻找团队目标与员工个人目标之间的交集并达成共识。还原到实例中的管理场景，经理更为妥当的表达方式应该是："小A，明年就要结婚了吧？年轻人在外打拼不容易，早点买房有个稳定的小家比什么都重要。这样，今年还剩下最后一个季度，咱们一起努努力，完成500万的销售业绩，争取拼到全公司前三，年底的奖金就会比较丰厚，应该能帮你大大缓解一下买房的压力。"

管理者使用这样的沟通方式，就是尝试在团队目标与个人目标之间寻找到共同点，以此来推动员工工作的积极性。古人云"士为知己者死"，其中的"知己"，大约指的就是个人目标。

综上所述，管理者应该积极关心新生代员工的个人情况与个人目标，在实现团队目标的同时，尽力达成他们的个人目标。能够持续统一个人目标和组织目标，是衡量管理水平的唯一标准。优秀的管理者都懂得"制造双赢"。

Q6：工作单位里有人鼓励我的发展吗？

这个问题在提醒管理者，关注员工当下能力的同时，也要鼓励他未来的职业发展。

随着科学技术发展的一日千里，新模式、新业态层出不穷。新生代们每天都有机会接触新场景、学习新方法来迎接挑战。近年来流行的职业发展观点认为，终生受雇于一家公司已然过时，职业能力的发展应该专注于终生就业的机会。优秀的管理者们都会尝试挖掘员工的自身优势，并鼓励他们在适合自己的方向上发展。

职场社交平台LinkedIn（领英）的联合创始人里德·霍夫曼在其著作《联盟——互联网时代的人才变革》中分享了管理新生代员工的新观念的思考逻辑。对于互联网时代成长起来的员工来说，"对企业忠诚"是一个比较难以认同和贯彻的职场观。再天真的员工也不会幻想自己在一个公司工作一辈子，再优秀的企业也无法避免优秀员工的流失。在未来的互联网时代中，企业与员工的关系不再像过往的"终身雇佣型"——从入职到退休，也有别于常见的"商业交易型"——老板付钱，员工打工，而是一种新型"合作发展型"——为了一部分共同的使命与目标，互相在对方身上投资。员工加入一家公司除了薪酬因素之外，考虑更多的是职业兴趣是否能得到满足：

（1）这家公司能否提供一份我擅长且喜欢的工作？

（2）这个团队是否给我提供足够的成长空间？

（3）这位管理者是否能给我提供更多发展的机会和对我有益的资源？

……

一言以蔽之，新生代的员工开始更重视发展。加入公司的目的，就是不断成长，以便于终有一天离开这家公司，开启下一段职业旅程。作为他们的管理者，改善与他们的关系，请从坦诚地承认并接受这个事实，并鼓励他们不断地发展自身能力开始。这样的管理动作，能在最短时间内与新生代们建立相互信任，并取得良好的关系。

对于新生代员工来说，职业发展实际上也是一个逐渐清晰和聚焦的过程。他们在踏入职场之初，无论是能力发展方向还是意愿兴趣选择都更为冲动和发散。需要随着职业生涯的推进，经历多个公司、多个岗位的锻炼，员工才能慢慢在职业兴趣、个人擅长与公司需要之间找到更合适、更聚焦的平衡点，进而确定最为适合自己的工作。帮助他们加快这个过程，尽快过渡到这个平衡点的建立，是每个新生代员工的管理者必要的使命。

为了达成这个目的，笔者建议，管理者可以借用霍夫曼的观点，在新生代员工入职之初，便尝试与其探讨建立这样合作、发展的"联盟"关系——双方共同约定一个时间段（一般为2～5年），在这一个时间段内：

（1）管理者承诺为员工提供哪些平台与资源、定期与员工就能力发展展开探讨、帮助员工实现自己在这个时段内的职业目标。

（2）员工承诺，在这个任期内，为团队完成哪些项目，创造何种价值。当时间段完成之后，双方也可以继续探讨续任的可能。

在这种关系中，公司和员工是合作伙伴关系，而不是博弈关系。管理者通过设定这种开诚布公的联盟关系，帮助员工不断发展自身能力，反而可能更便于自己设计关键项目的交付节奏、保持重要工作的延续性、留住优秀的人才。这种方法已经帮助很多企业取得了更大的成功，对新生代员工而言，这种关系更对他们的胃口。

第四节　我的归属：建立新生代的团队维系

盖洛普Q12的第三部分被概括为"我的归属"，当新生代员工们认为自己的优势得到了发挥，并且工作成果及时得到认可，他们就会进一步产生新的需求——要感觉到自己被这个团队接纳，即所谓的"归属感"。这一模块包含了四个问题。

Q7：在工作中，我觉得我的意见受到重视吗？

这个问题往往被称为员工的"内部股价"，意在提醒管理者，需要关注员工对工作和公司所产生的价值感，进而增强员工对公司的信心。

以95后为代表的新生代员工们成长的历程中，经历了移动互联网技术的爆炸式发展，各种以自我为中心的社交媒体、电子游戏等，让他们习惯了"做主角"的感觉。因此，比起70后、80后的职场前辈们，他们更在意自己的意见是否受到管理者的关注与重视。这种"被重视"最直观的感受来自管理者的态度，而这种态度又很大程度上取决于管理者如何倾听和对待他们的意见。

作为新生代员工的管理者，一定要培养出善于倾听员工想法的习惯和能力。哪怕你只是简单地"认真听"，也能起到不错的效果。因为听取想法这个动作本身，就能让员工感觉到被关注。关于这一能力的培养，将在第四章第三节"全息倾听，鼓励新生代吐露心声"中做更为详细、具体的介绍。

Q8：公司的使命/目标使我觉得我的工作重要吗？

我们在前文中探讨过"价值感"对于新生代员工的重要意义，这个问题就是在提醒管理者，需要建立起公司的使命/目标与新生代员工价值感之间的链接。员工如果能将公司使命/目标与他们自己的工作相联系，并认识到他的工作对公司整个目标很重要，他就会有很强的目标感和成就感。在这个问题的背后，隐含着三层含义。

（1）公司需要建立思虑长远、鼓舞人心的使命与目标。

（2）公司的使命与目标能够清晰、准确地传递给员工。

（3）公司的使命与目标能够与员工的工作任务相关联。

使命与愿景是企业家的立场和信仰，是公司最高管理者头脑中的概念，表达了最高管理者对企业未来的设想，是对"我们代表什么""我们希望成为怎样的企业"的持久性回答和承诺。前文中分享过管理大师稻盛和夫的观点——团队中的所有人能够凝聚在一起，一定是因为有一个共同的目标。公司层面上的共同目标，往往就以这种"使命和愿景"的形式来体现。作为管理者，如果不能把这个共同的目标清晰、准确地传递给员工，其他工作做得再好，也不会有凝聚力。

那么，如何将公司的使命与愿景目标与员工的工作任务相关联呢？笔者建议采用目标管理中的一个工具——目标金字塔（图2-2）来完成这个动作。

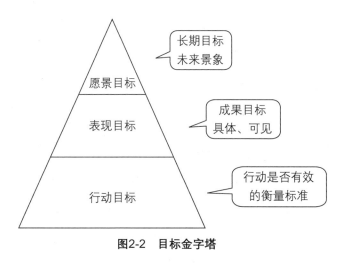

图2-2　目标金字塔

目标金字塔分三层，最顶层是上文中提到的愿景目标——可能是理想的生活，也可能是远大的梦想。愿景目标通常是令人神往的，但是很难具体地量化。

目标金字塔的中间层，称为表现目标，需要人们思考什么样的目标可以支撑我实现理想当中的愿景，也可以理解为是实现愿景目标的具体标志。表现目标可以是数字型结果（如收入、利润、市场占有率等），也可以是时间里程碑型（如五年、十年等）。但无论哪种形式，都需要表现为符合SMART原则的具体数据，让员工清楚地知道管理者想要的具体结果。

目标金字塔的最底层，称为行动目标，即为了得到表现目标中所指出的这些结果，员工需要产生的具体行为。

一般来说，高层负责设定中长期的愿景目标，然后与中层管理者一起将愿景目标分解为更明确具体的表现目标。为了达成表现目标，中层管理者需要再根据达成目标的关键因素，将表现目标分解为具体的行动目标，用来指导员工的日常工作。

笔者经营的健身房，将目标客户定位在"没有运动习惯的白领人群"，针对传统健身房"重器械、远距离、高消费、频销售"的行业痛点，采用精益创业的互联网创业模式，秉承"轻器械、重有氧、近距离、高频次、享乐活"的运营理念进行设计和运营。因此，笔者将公司的愿景描述为"运动小白的第一选择"。这个愿景体现了笔者心中对于"轻健身"模式长期在白领人群中扎根的设想。

为了达成这个愿景目标，经过经营团队的探讨，决心要在五年左右的时间，开设××家门店，覆盖市区各大主要的写字楼群落与创业园区，同时单店的年销售收入需达到××万，毛利率达到××……其中的门店数量、门店收入与毛利率，就是承接愿景目标实现的表现目标。这些表现目标，在经过相关管理者的分解之后，会落实到具体的员工身上。

这样，管理者就可以和员工一起，根据任务的关键环节，结合资源的调配与能力的保障，来设定更为明确、具体的行动目标。

比如，为了达成开拓门店数量的任务，商务岗的某员工需要根据过往门店选址、开发、装修以及时间节奏等一系列的经验和数据统计，层层倒推，最终得出行动目标：本季度，他的最主要任务就是门店选址。因此，每天最少要与××个园区或企业的相关负责人员电话沟通、每周至少要现场考察××个备选场地……才能保证目标的达成。

当完成了这一整套流程，员工就明白了每天的工作任务与公司的使命/目标之间的关系。

基于目标金字塔模型，建议各位管理者对新生代员工提工作要求的时候，一定要注意把这三个目标之间的关系说清楚。同时，在各个时间节点进行工作总结时，也可以带着员工们一起做下一阶段的展望，和他们一起进行目标金字塔的讨论，从愿景目标的畅想开始，到表现目标的设定，最后再分解到具体的行动目标。这样的管理动作能增强员工的使命感，让他更重视自己的目标。

Q9：我的同事们致力于高质量的工作吗？

盖洛普在研究中发现，员工对工作质量的精益求精也是影响团队敬业度的关键因素。完成高质量工作成果带来的挑战性与员工获得的成就感，这两种性质之间存在一定的联系，可以使员工将自我价值实现的愿望转变为现实中的工作动力。因此，这个问题是在提醒管理者，需要在以下几方面做出努力。

（1）在团队内部宣导精益求精的高质量执行文化。

（2）为工作任务制订高质量的交付标准。

（3）给员工提供交付高质量工作成果所必要的资源支持。

（4）训练员工提升交付高质量工作成果的能力。

心理学研究表明：一个人只要体验一次成功的快乐，便会产生喜出望外的激奋心理，从而增强自信心，这又使其去追求更高层次的成功，即形成"成功—自信—又成功—更自信"的良性循环。在社会心理学中，这种现象被称为"成功强化效应"。当这种良性循环在团队中多个成员身上得以体现之后，整个团队中自然而然就会形成高质量成果交付的执行文化。

基于成功强化效应的逻辑，管理者在给新生代员工们制订好高质量的任务交付标准、提供了完成高质量工作成果必要的资源支持之后，也可以辅导他们找到现状与成果之间的路径。有了清晰的目标达成路径，就可以帮助员工初步建立挑战这些高质量成果的自信心。员工们通过落实这些路径，达成了成果，他的自信心就会进一步得到增强，进而挑战更高的目标，追求更大的成功。

为了在团队内实现成功强化效应，管理者可以通过五个步骤带领团队一起来设计高质量成果的达成路径。

1. 锁定目标、制作标准

达成高质量成果的首要步骤，必然是精准地锁定工作目标，以及设计工作目标的完成标准。许多管理者无论是分析、梳理、讨论还是制订任务和目标，全部都是围绕着目标标准开展的。

2. 梳理关键价值链

锁定目标之后，要用目标与现有的状况进行比对。如果厘清的现状是A，希望达成的成果目标是B，那么从A点到B点的路径叫作价值链。而其中的最优选择，被称为关键价值链。

以笔者经营的健身房为例，除了正常来门店训练的个人客户之外，公司集体采购团操课，由教练上门交付也是健身房重要的收入来源。达成这样的集体采购订单需要健身房的会籍销售人员们经历一系列必要的动作环节：分析门店所处园区的公司，甄选目标公司，拜访、建立客情关系，挖掘客户公司的健身需求，提交方案，谈判价格及条款，落单，最后的教练课程交付等，这一套行为连接在一起，就是对企业端销售团操课的关键价值链。

从现状A到目标B需要的环节可能有很多，我们一般会采用公式计算的方式来探寻关键价值链，以免遗漏其中的关键环节。

仍以健身房为例，为了达成门店的收入目标，店长需要考虑他所承担的主要经营指标：

● 单个门店的收入 = 客户数 × 单位用户平均消费；

● 客户数 = 新增客户数 + 老客户数；

● 单位用户平均消费 = 每个客户采购的产品（团操课、私教课、轻食）数量 × 单价。

因此，对于店长来说，要达成门店收入的既定目标，无非就是从新增客户数、老客户数、客均产品使用量以及平均单价这四个方面去思考相关因素就可以了。

当然，结合新生代员工对于参与感的诉求，管理者也可以使用头脑风暴的方式，由大家一起来思考关键价值链。这就要求管理者设计一些问题来引导大家思考：

（1）我们的目标是什么？

（2）为了达成目标，可能的方法有哪些？

（3）怎么将这些方法分类？

（4）还有哪些是需要补充的？

……

3. 明确关键要素

在厘清关键价值链之后，要想快速和高质量地到达目标，还需要找到关键价值链当中最重要的环节，即所谓的关键要素：员工需要做哪些动作才能够更快、更好地完成任务，这个就需要管理者针对性地进行设计、梳理和辅导。

一般采用FEBC原则来对价值链中的关键要素加以识别：

（1）F（Faster）更快：哪些方式最快帮助我们实现目标？

（2）E（Easier）更容易：哪些目标最容易实现？

（3）B（Bigger）更大：哪些能够带来更大的利益、更高的质量、更好的价值？

（4）C（Cheaper）更省钱：在达成目标的过程中哪些成本最低？

在关键价值链中符合FEBC原则的都是关键要素，而关键要素就是在交付任务的计划过程中，必须重点开展的工作。

　　仍以健身房为例，经过了上面的分析后，店长发现增加来门店做健身训练的新客户数是提升门店收入的关键，那么店长就要基于这个关键要素展开下一步的动作：增加在园区的宣传（公众号广告投放、传单发放）、增加对园区公司客户的拜访、提升客户接触的成功率，等等。

4. 制订行动计划

　　明确了关键要素之后的步骤是制订行动计划。管理者要帮助员工们确定在那些符合FEBC原则的关键要素上需要执行的具体动作是什么。一个清晰的行动计划表可以通过5W2H的方式描述和制作。

　　（1）What：需要用What来描述要达成的任务目标的质量具体是什么；

　　（2）Why：需要阐述为什么是这一项行动，也就是说这项行动是如何支持目标质量达成的；

　　（3）Who：执行任务动作的具体负责人是谁；

　　（4）When：执行任务动作的时间和频次；

　　（5）Where：执行任务动作的场合，可以把这一项描述成目标市场或者是目标客户在哪里；

　　（6）How：任务动作具体要如何落实；

　　（7）How much：为了达成高质量的成果交付，还需要哪些资源。

　　结合5W2H，管理者可以用Excel表格制作成一张行动计划表（表2-2），让员工依据表格的内容"按图索骥"地开展工作，保证交付进度顺畅、可控。

表2-2　健身房某工作计划示例

店长	×××	会籍顾问	×××

轻刻运动××分店行动计划

任务目标：自2021年×月×日至2021年×月×日，完成销售收入××元

序号	What行动目标-做什么，成功的标准是什么	Why为什么	When开始时间	When结束时间	Who第一责任人	Where地点	How行动步骤具体开展方式	How much需要资源	第1周跟踪检视	第2周跟踪检视
1	每天发传单500份	通过足够的传单量，保障门店在园区的知晓率	2021年×月×日	2021年×月×日	××	园区×号楼-×号楼	1.确定发放传单的楼群位置 2.与园区管委会申请报备 3.在人群高峰处进行传单发放和门店介绍	1.园区报备 2.传单的物料制作		
2	每天联系10个人客户，做私教推荐									
3	每天联系5个公司客户，做团课推荐									
4	……									

5. 提供保障措施

制订好行动计划，并不等于任务就能高质量地完成。很多管理者在设计完行动计划之后，缺失了在过程中对关键环节的及时把控，导致最后才发现目标完成不了，但已经没有时间调整了。

因此，管理者在设计了行动计划之后，还应该重点分析是否有足够的准备保证这些行动计划的关键环节能够按照预期完成。如果不能按照预期完成，是否有相应的对策，也就是是否提供了保障措施。

仍以健身房为例，当做好了目标任务的分配、关键价值链的梳理、关键环节的确认以及行动计划的设计之后，店长又做了如下几项保障措施来确保高质量成果的达成。

（1）赋能经验方法：该门店共有会籍销售人员11人，店长从中挑选出过往业绩最好的3人，总结他们过往会籍卡、私教课程销售的经验，为其他8名业绩一般的会籍销售人员做关键性方法与经验的赋能。

（2）聚焦关键客户：店长与全部教练一同盘点现有的客户群体，认真分析优质客户的典型特征、市场分布以及现有课程交付情况，并将信息同步给会籍销售团队，集中精力与资源精准拓展市场。

（3）设计过程管控：为了保证资源的及时跟进与动作的及时调整，店长又设计了分层次的过程管控机制。8名业绩一般的会籍销售人员每天向3位优秀的会籍销售人员反馈2次销售进度，而这3位业绩骨干每天向店长汇报2次销售进度，以便店长能够随时清楚任务目标的推进情况，并据此考虑下一步动作。

（4）每日结果复盘：每天晚上召开复盘会议，讨论今日整个团队的目标完成情况，分析未完成的差距，并群策群力提出改进意见与建议。

以上五个步骤，是辅导员工完成高质量工作的通用方式，希望能给各位管理者一些思路和启发。笔者特别提醒各位管理者，尤其要注意第5步——关键环节的保障措施。大部分任务之所以无法高质量完成，是因为管理者们只习惯做好任务目标分解和资源分配，却很少有耐心设计保障措施。经常只是公布一个目标，然后员工按照各自的理解，开展各自的工作。如果不对关键环节进行把控，任务目标无法完成（或仅仅满足于低质量的"做完"，而非"做好"），时间长了，团队就会形成"完不成目标也无所谓"的惰性思想，不利于精益求精地高质量执行文化的塑造。

Q10：我在工作单位有一个最要好的朋友吗？

这个问题是在提醒管理者，要注意在团队内部营造和谐的人际关系氛围。

高质量的人际关系组成一个良好的工作场所，良好的工作场所会帮助员工建立对公司的忠诚度。公司往往关注员工对公司的忠诚度，然而，最优秀的管理者也认识到，忠诚度同样存在于员工之间。员工之间的关系同样会对员工的去留产生显著的影响。

笔者在为多家企业交付企业文化宣贯的咨询项目时，往往会推行一个名为"国王与天使"的文化活动，以辅助管理者在团队内部塑造关注、欣赏、互助、友爱的文化氛围。活动的具体流程如图2-3所示。

通过这种关注团队成员之间积极行为并加以肯定的方式，引导团队内部相互关注和关心，培养员工之间发现美的眼光和表达美的方式，进而促

操作环节	操作要点

配对

确定国王与天使

1. 在一张小纸片写上一个团队成员的名字，将所有纸片放在一起

2. 让每一个团队成员从中抽取一张纸片（不是自己），同时保证不被他人知道抽取结果

3. 抽取的对象就是抽取者的国王，抽取者是该国王的天使；这样，每个团队成员既是天使，也是他人的国王

赞美

天使为国王留言

1. 天使每天将自己要告诉国王的话写在纸片上，并贴在"国王与天使"看板上

2. 留言积极正面，形式多样。留言举例如下

亲爱的……（名字/昵称）国王：

今天回答问题太积极了，为你点赞！

小天使……（匿名）

亲爱的……（名字/昵称）国王：

多亏了你的脑洞大开，才让课题推进得这么顺利！

小天使……（匿名）

亲爱的……（名字/昵称）国王：

你这一手简笔画太传神了，思维导图做得极漂亮！

小天使……（匿名）

3. 留言同样也尽可能不要让国王认出天使

感谢

国王回复天使

国王可以根据天使的帖子进行回复，回复内容不限，如

亲爱的天使：

谢谢你的鼓励。嘿嘿，我知道你是谁了……

国王……（匿名）

再配对

重新确定国王与天使（建议每周一次，如周例会）

1. 国王将自己的帖子收回

2. 回到开始，重新确定国王与天使

图2-3　"国王与天使"文化活动流程图

进团队内部互相学习、营造正能量流动的文化氛围，尤其适合以95后新生代员工为主的团队实践使用。图2-4为某企业"国王与天使"的看板。

图2-4　某企业"国王与天使"的看板

第五节　我的发展：鼓励新生代的职业进步

如果前三个阶段都取得了不错的效果，应该可以在短期内让新生代员工们更加敬业地投入工作当中。不过，为了让他们将这种状态持续不断地保持，管理者还需要考虑盖洛普Q12的最后一个阶段。这一模块被概括为"我的发展"，包含两个问题。

Q11：在过去的6个月内，工作单位有人和我谈起我的进步吗？

Q12：过去一年里，我在工作中有机会学习和成长吗？

学习和成长是人类的天然需要。对于新生代员工来说，除了得到直接回报之外，每个人都会关注自己是否越来越出色、越来越有竞争力。中国人民大学与智联招聘联合发布的《2020年大学生就业力报告》显示，在工作岗位上"能够学习新东西"以45.5%的比例成为应届生找工作中最看重的因素之一。

与此同时，员工们往往并不了解他们的能力在具体工作中会如何表现，需要从管理者那里获得反馈，来继续发挥才干和产生效益。因此，作为新生代员工的管理者，在工作中需要不断与员工进行工作交流，并谈及员工的进步，帮助员工认识和理解他具有的优势，以及如何在每天的工作中发挥出来，帮助他们感受到自己在这里有机会持续地学习和成长。

那么，如何全面、客观地呈现出能让员工信服的成长呢？

1955 年，美国心理学家约瑟夫·勒夫特（Joseph Luft）和哈林顿·英格拉姆（Harrington Ingram）提出了分析人际关系和传播的"约哈里窗户"理论，他们用四个方格，说明人际传播中信息流动的地带和状况，见图2-5。

第一个方格称为"开放之窗"，"我知道，别人也知道"；

第二个方格称为"盲点之窗"，"我不知道，别人知道"；

第三个方格称为"隐蔽之窗"，"我知道，别人不知道"；

第四个方格称为"未知之窗"，"我不知道，别人也不知道"。

图2-5　"约哈里窗户"理论

"约哈里窗户"理论告诉我们，人应当更多发现更真实的自己、认知自己的优势和有待提升的方面。而人的持续进步，就体现在一直自我超越，不断把盲点的区域变少，从而获得卓越的表现。

基于"约哈里窗户"理论，管理者可以尝试通过集体的智慧和专业策略，通过呈现真实工作、生活场景中的事件，帮助新生代员工发现、接纳自己处于盲点之窗中的短板，并提出切实可行的行动建议，以使他们明确成长方向，以及持续进步。管理者可以采用季度/年度述职的形式将这个理论贯彻落地。

1. 具体参与角色

（1）述职主持人：新生代员工的直接主管。

（2）述职者：新生代员工本人。

（3）参与者：与该员工近段时间有较多工作、生活接触的同事，一般3~7人为宜。

2. 整个述职过程

第一步：个人述职。

述职者就近段时间工作、生活中做出的成果与自我复盘的认知进行分享和呈现，如图2-6所示，内容可以包含但不限于以下几点。

（1）个人成长经历。

（2）公司职业历程。

（3）成长体验和收获。

（4）优势和提升点。

（5）下阶段成长计划。

......

价值

我为公司创造
了什么价值?
我做出了哪些
突出贡献?

 潜力/优势

下个阶段的目标是
什么?
我将如何提升自己?
我将如何创造更大的
价值?

 成长

我获得了什么
成长?
我在哪些方面
取得了明显的
进步?

图2-6　某员工设计的述职报告内容框架

第二步：互动提问。

参与者需要就述职者的述职演讲，结合平时与其接触的场景，向述职者提出问题，并与其展开探讨和交流。提问的领域可以不仅仅局限在工作方面，也可以是启发性地帮助对方思考，或者希望进一步了解他的学习、生活的话题。内容可以包含但不限于以下几点。

（1）能否再复述一下你的优势/劣势，并举例说明。

（2）你认为你现在的职位给你带来的价值是什么，提高了什么能力?

（3）你的优势会在你工作中的哪些方面得以发挥呢?

（4）你除了工作，平时有什么兴趣爱好?

……

第三步：讨论反馈。

参与者在主持人的引导之下，提出"优势"和"待提升"方面，并通过集体讨论进行验实和验伪，同时还要在确认之后给出其下一阶段的成长建议,并通过白板、拍照等形式加以记录,如图2-7所示。主持人引导的问题可以包含但不限于以下几点。

图2-7　笔者在主持述职讨论会

(1)你觉得他核心的优势是什么?

(2)怎么能够帮助他把优势发挥到最大化?

(3)为了发挥他的优势,他可以做些什么,我们可以做些什么?

(4)他还有哪些方面可以做得更好?

(5)如果需要给到他一条建议的话,你会给什么建议?

……

第四步:主管反馈。

当述职结束后,管理者通过现场的白板记录(图2-8),结合集体的讨论,对新生代员工的"优势"和"待提升"点进行客观、真实的反馈。反馈过程中以提问、引导、交流的形式,帮助他明晰进步的方向及目标。

肯定他的优势，同时也能基于他的待提升的部分给予明确的行动建议。反馈的目标有以下四点。

（1）帮助新生代员工更深入地了解自己的优势、待提升方面。

（2）帮助新生代员工理清下一步重点提升的目标。

（3）支持新生代员工破除限制性负面信念。

（4）帮助新生代员工优化行动方法和策略。

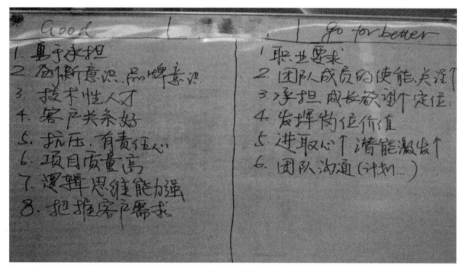

图2-8　某员工的反馈白板

以上四个步骤，是基于"约哈里窗户"理论述职的全过程。其核心主旨就在于运用集体的智慧，帮助新生代员工探寻到更多处于"盲点之窗"中的优势与待提升点，并在直属主管的帮助之下，进行下一阶段的行动改善。当这个述职持续不断地进行下去，就会记录、整理出越来越多的反馈白板。而当员工看到自己的白板上过往的"待提升"点越来越多出现在"优势"这一栏中的时候，他会强烈地感受到进步带来的喜悦。同时，随着职业生涯的不断累积和职位的不断升迁，团队又会对他提出更高的要求，出现在新的"待提升"一栏中，这也会为他指出更加明确的能力发展方向。

第六节　视角转换：总结新生代的管理观点

从员工具备基本的工作条件，到员工能发挥价值并得到认可，再到员工认为自己在团队中非常重要，最后让员工感觉自己一直在成长。这便是我们通过盖洛普Q12中各问题的逻辑剖析与工具应用，来帮助管理者更好地引导新生代员工投入工作的全过程。在这其中，管理者能够直接干预的动作包括：

（1）明确工作的要求；

（2）提供资源支持；

（3）关注员工的优势；

（4）加强正面反馈；

（5）关心员工的生活情况；

（6）多听取员工的想法；

（7）将员工的工作和公司的使命/目标关联起来；

（8）持续关注员工的成长。

为了帮助管理者更清晰地运用这套工具，笔者尝试将盖洛普Q12做个反转，从员工角度翻转到管理者角度，总结出管理者视角的12道问题，见表2-3，希望各位管理者能够"吾日三省吾身"，时常用这12道问题来对自己与新生代们的交互行为进行复盘，方能起到明显的效果。

表2-3 基于管理者视角的盖洛普Q12

模块	序号	基于Q12的管理者视角问题
支持他的工作	1	我在布置工作时，是否让团队成员清晰地知道对他的工作要求？
	2	我是否为团队成员提供了做好工作所需的资源和条件？
认同他的贡献	3	我是否了解团队成员的任务，并充分发挥他们的特长？
	4	我在过去的七天里是否对团队的出色表现给予表扬？
	5	我是否适时关心团队成员的个人感受？
	6	我是否鼓励团队成员积极上进？
关注他的感受	7	我在工作中是否倾听并重视团队成员的意见？
	8	我是否让团队成员感知到他的工作对公司很重要？
	9	我是否鼓励团队成员追求高质量的工作？
	10	我是否在团队内营造朋友式的关爱氛围？
鼓励他的进步	11	我在过去半年内是否与团队成员谈及他的进步？
	12	我在过去的一年里是否为团队成员提供了学习和成长的机会？

第三章

影响新生代员工的观点方法

第一节 真切关心，赢得新生代的接纳

管理学中有一种说法，将管理者的权力分为五种，见表3-1。

表3-1 管理者权力分类

权力名称	权力类型	影响方式	权力基础	影响性质
惩罚权	强制性权力	惩罚、要挟	惧怕后果	完全被动
奖励权	奖赏性权力	合作、认可	寻求报偿	被动
行政权	法定性权力	接受、服从	法定权威	主动/被动
专家权	专家性权力	接纳、确信	技能专长	主动
人格魅力	参照性权力	崇拜、模仿	个人魅力	完全主动

前三种权力被称为职位权力，也就是职位天然赋予的权力。包括"干得好就奖、干的差就罚"的奖惩权（也就是传说当中的"胡萝卜+大棒"），以及拥有人事任命和资源调配等合法行政权力。

后两种权力被称为个人权力，也就是个人能够发挥影响力的权力。包括专业力量加持的专家权力，以及为人处世和谐的人格魅力。

职位权力与个人权力加在一块，构成了管理者的权力。我们要善于利用权力对员工施加影响。那么，当你在抱怨新生代员工"不好管"的时候，你是用了哪种权力呢？

如果你特别依赖职位权力，那么新生代的确"不好管"。个体在崛起，权利在转移，过往大杀四方的管理方法已经失去了它原有的威力，公司里各种高大上的名头也已在他们面前退去光环，新生代员工们要求平等地分享公司平台上的各种资源和权利。

如果你习惯使用个人权力，那么你发现新生代其实也没那么可怕。他们要么喜欢待在某一领域里极其专精的"专家"旁边，要么聚在三观一致的"兄弟"周围。

一句话，如果你习惯职位权力，你可能是"大咖"；而如果你擅长个人权力，你才是"大神"（神一般的人物，形容专业能力超群）。

而新生代们，漠视大咖，膜拜大神。

作为新生代员工的管理者，只有真正展现你的专家权力和人格魅力等个人权力，才有可能获得新生代的认可，进而降低管理成本，提高工作效率。善于施展个人权力的管理者有一个突出的特点，他们拥有超强的影响与改造他人的能力。如果你带领了团队一段时间以后，大家还在说"以前我们都是这么干的"，那说明你还没有对他们产生真正的影响。因此作为新生代员工的管理者，第一步要做的事情就是，获得他们发自内心的对你的信任和接纳，厘清自己的理念并与他们形成共鸣，逐渐影响他们成为与你同进退的伙伴，这才是你对他们施加影响力的集中体现。

其实带领团队和谈恋爱是差不多的道理，如果女孩一看到男孩就心烦，男孩连说话的机会都没有，更勿论进一步发展关系了。

但是如果女孩看到男孩不排斥、不反感，愿意去接触与磨合，男孩才有机会和女孩聊聊自己的人生观、价值观和爱情观。女孩一听："哎哟，不错哦，很多想法和我差不多！"产生共鸣，进入恋爱期，进而组建家庭。

因此，要获得新生代们对你的接纳，请从关心、了解他们开始。

有些管理者可能会犯嘀咕："这还用你说，谁不知道应该关心他们、了解他们啊。"

"说就天下无敌，做就无能为力"是人的通病。"知道"和"做到"是截然不同的两回事儿。

笔者问过很多管理者一个问题："请问你知道团队成员所有人的生日吗？"大多数的答案是"知道其中几个人的"。

基本上可以得出一个判断，管理者知道生日的那几个人一定是工作中最得力的那几位。很多管理者心底没说出来的深层逻辑是——你如果好用、听话、懂事，我就了解你、关心你。

这种关心背后隐含的其实是一种交换关系。而是否发自内心地关心别人，是能够透过举手投足的行为表现出来的。面对陌生人，你没有和他建立密切的关系，更多依赖个人的能力水平。但是面对朝夕相处的团队成员、同事，接触越多，他就越在意你是否真正关心他。当你展现出发自内心的关心，他们就会接纳并认可你，进而关注你所关注的事情。

笔者有一次在武汉为一家民营企业做战略管理的项目，在老板的办公室讨论到很晚，于是一行人准备出门吃饭。走出办公室，经过集中办公区域的时候，发现有几位员工还在工位上工作，于是老板走过去对员工们嘘寒问暖。这种场景我经常见到，所以就只当是一位领导展现关怀的常规性的寒暄罢了。

意外的是，当项目组一行人到了公司附近的饭店，老板点完菜后，忽然告诉服务员，每样菜多做一份，打包好先送到公司去。这个动作彻底让我折服了。你对别人真正的关心，除了话语上的激励之外，更体现在关怀的行动上。关于这一点，我们会在第四模块的章节做进一步展开。

除此之外，真切的关怀还有另外一个容易被忽略的点。很多管理者总和笔者抱怨，在关怀员工的时候，感觉员工要么没精打采，要么满不在乎。实质上，他们并非不在乎，而是他发现你其实只是在关心工作进度，而并不是关心他这个人，所以他认为没必要去做出接纳的反应。而管理者接收到了这种消极的回应，同样会降低关心对方个人的欲望，只关注工作推进的程度。至此进入了一个负面循环。归根结底，还是管理者对员工了解不深入，导致无法做出"触达人心"的关怀。

笔者在某商学院MBA中心担任讲师，学员中有个民营企业的老板W邀请我去他家做客喝茶，话题从公司战略到团队管理再到家庭教育，内容包罗万象、天马行空。其中，W老板重点就孩子的教育问题向我发牢骚：

孩子大学三年级在读，最近放暑假正在家里，整天和朋友们相约出去玩儿，很晚才回家。父子俩基本没有沟通的机会……

我俩聊得正起劲儿，他儿子正巧回来取东西，进门打了个招呼，便往房间走。

由于我俩的话题刚聊到对孩子的教育，于是W老板就冲着他儿子说："你过来一下，我找你聊两句。"

出乎意料，小伙子头也不回地扔下一句："不聊，我知道你要说啥"。

场面一度陷入了尴尬。

W老板苦笑着说："现在这孩子啊都有个性，叛逆得厉害！还'知道我要说啥'！"

我也笑了笑说："他这句话啊，正好说明了他觉得他很了解你，但是你不了解他。"

W老板喝了口茶："我的儿子我还能不了解嘛！"

我的职业病发作了，于是连续问了几个问题：

"你儿子在学校关系最铁的兄弟是谁？"

"你儿子在学校里最喜欢的女孩子是谁？

"你儿子最喜欢的电子游戏是哪个？

"你儿子毕业之后最想去哪个城市、哪个公司？"

……

W老板挠挠头："这些问题我哪里知道啊……换换别的问题。"

我放下茶杯，继续追问道：

"你平常公司事务那么忙，基本上也不怎么联系儿子，只有在寒暑假能见上面。你儿子假期回来了，你会问什么问题？"

W老板想了一想，一边给我倒茶苦笑着说："还真没啥能说的，大概就是问问'学习怎么样''有没有挂科''论文写完了没有'之类的吧。"

我拿起茶杯："所以嘛，你儿子也知道你只会问他这些话题。并且，他最不喜欢和你聊这些话题。"

从W老板家出来后，我对这段对话做了复盘：沟通中有一个很重要的观点，如果你想引发对方的沟通兴趣，就一定要聊他感兴趣的话题。但是我们与新生代们进行沟通，却总喜欢聊我们自己感兴趣的话题。为什么员工不喜欢和我们聊天？就是因为我们常常无意识地把话题聊"死"了。团队活动的时候大家坐下来聊聊家常，管理者突然来了一句："那个××的单子跟得怎么样了？"员工一听，立刻就切换成了防御状态，进而慢慢地开始与管理者疏离，并拒绝与管理者的互动——小孩不喜欢和父母聊，下属不喜欢和上级聊，背后基本都是这个原因。

总结一下，为什么我们觉得新生代员工们与我们总有疏离感，那是因为我们根本不了解他们。如果你想影响这些95后，让他们真正凝聚到你身边来，首先从你真正去了解他这个人开始。不妨在团队中挑选出你认为关系最好、最信任你的三个"候选人"，针对这三个人问问自己以下三个问题：

（1）工作以外，他/她个人或者家庭我还知道什么事情吗？列举三件。

（2）他/她近一个月最顾虑的三件事儿是什么？

（3）他/她近一个月最想要做成的事情是什么？

如果你能非常顺利地回答完这三个问题，说明你对他们的了解的确还不错。但是如果你发现这三个问题回答起来有难度，那你的确需要反思一下了。你挑选的这几个人是你认为关系最好、最信任你的人，可是你却并不了解这些人。换句话说，你渴望得到他们的信任，但是你却没有为得到他们的信任付出足够的努力去了解他们。

此外，在获取新生代员工的接纳时，管理者还要学会表达出自己的情感。要打动别人，首先需要打动自己。但是很多管理者往往只善于流露情绪，却不善于流露情感。情绪的宣泄往往只会增加隔阂，而情感的流露才有可能拉近彼此的距离。

笔者小时候生活在东北，小孩子之间打架是司空见惯的场景，为此也没少受老师的批评。所幸成绩还不错，因此老师对我的态度基本上可以用"又爱又恨"来形容。有一次，父亲去学校参加家长会，我在家里乖乖地一边写作业一边等他回来。当天父亲很晚才回家，进门后径直来到我的房间，双手插着口袋，似笑非笑地对我说："班主任会后特地把我留下来单独说了一会儿，我还不知道，你在班级挺有名的啊！"

我一听，冷汗瞬时就下来了。这句话有好几种解释，我搞不清楚班主任到底是当着父亲的面儿夸我还是骂我了。

父亲一边说着，一边走到我身边，扬起右手。

我吓得赶紧缩脖子、闭眼睛，准备挨这一下。

出乎意料，父亲的手轻轻地在我的后脑勺摸了一下。从他摸我后脑勺的速度、角度、力量上，我感受到了他流露出来的慈爱。

二十多年过去了，我们也早已离开了东北，定居厦门。有一次我和父亲在饭店吃饭时，看到邻座的家长在批评孩子没完成作业。我忽然想起了当年的场景，便问他："你还记得我小时候，有一次你参加家长会回来，摸摸我的头吗？"

父亲一脸迷惑，他已记不清了。但是我记了一辈子。情感的流露，往往比情绪的宣泄更能深入人心。

切记，关心在前，了解在后。管理者只有发自内心地关心员工的能量和状态，适时地流露出对员工的情感，才能获得员工发自内心的认可。一旦员工认可了，才会认真地倾听和感受管理者的意见和建议，这个时候管理者才有可能对员工产生影响。而一旦管理者影响了员工，就会进一步展开深度的交流，对彼此的了解更加透彻。从此进入一个良性循环。

第二节　改变自己，影响新生代的变化

上一节中讲到，管理新生代员工必须要懂得去影响员工，而不是控制他。这一节讨论一下，如何实现这种影响力。

笔者定居在厦门，经常会有朋友携全家来这边旅游，因此我经常有"尽地主之谊"的机会。"烹羊宰牛且为乐，会须一饮三百杯"，因此饭局的前后都只能打车。在经历了几次不算愉快的出租车旅程后，我发现了一个现象，的士司机师傅是一个压力普遍很大的群体。

有一次，上车之后我和司机师傅说明目的地："师傅，去×××。"

司机师傅面无表情地看了我一眼，嘟囔了一句："运气真背，又是去那儿！"

我很奇怪，问道："那里怎么啦？"

师傅右手狠狠地挂了下挡："这个时间，那儿最堵！"

整个车厢瞬间就变得安静下来。

我赶紧打破这个沉默："师傅，最近生意怎么样啊？"

没想到，这一个随意的问题一下子打开了这位师傅的话匣子：

"哎呀！生意太差了……

"疫情一来，都没什么人来旅游了……

"油价越来越高，补贴越来越少……

"网约车特别多，我们这日子越来越难了……"

这位师傅开始滔滔不绝地倾诉，越讲越激动、越讲越急躁、越讲越压抑……听得我的心情都开始压抑起来。于是，当车停在十字路口等红绿灯，趁着师傅拿起水杯喝水的当口，我赶紧试图转移话题："师傅，您这车应该是新买的吧？宽敞、漂亮、动力又足，开新车跑生意应该挺舒服的吧？"

我的本意是希望将话题引向正面、积极的方向，没想到这位师傅听完我的话后，放下水杯，扔下了一句："舒服？舒服个啥！你来坐一天试试？"

听到这句话，我就知道，现在再转移任何话题都没有什么意义了，于是我就开始假装睡觉。但这位师傅根本不管我的状态，自顾自继续他的牢骚，开始讲他的人生有多悲惨、工作有多艰难、市场有多糟糕、世界有多不公……消极的人不管看到什么都是消极的，他的世界似乎只剩下两个字：黑暗。听着听着，我觉得这个车厢几乎没办法待了，20分钟的路程变得从未有过的漫长。

从此之后，我就认定，出租车司机师傅非常容易负能量爆棚，并且十分喜欢倾诉。于是每次打车之前我都着重提醒自己：第一，打车一定要坐后排；第二，说完目的地就闭嘴，永远不要再和出租车司机师傅聊天。

但是后来，另外一个出租车司机师傅的出现改变了我的这个想法。

我上车系上安全带："师傅，去×××"。说完后我就闭嘴准备假装睡觉。

没想到，这位司机师傅满脸笑容地看着我："好嘞！二十分钟把您送到！"

不一样了吧？

我十分好奇，于是试探性地问了一个"危险"的问题："师傅，这个时间，那边很堵吧？"

他笑了笑："是挺堵的，不过晚高峰时段啊，所有地方都堵。再说，那边有一家很好吃的'蚝干粥铺'，我已经很久没喝过他家的粥了。送完你之后，反正到处都在堵车，我就先去他家喝个粥，再继续拉活儿。"

这个回答大大出乎我的意料之外，于是继续追问："师傅，最近生意不大好做，你们这一行压力应该也挺大的吧？但是我看你状态保持得很不错啊。我很好奇，你是怎么做到的啊？"

　　他一边开车一边说道："压力确实不小，现在的网约车对我们肯定有冲击，疫情的影响也比较大。不过我也想开了，各行各业压力都很大。再说了，我觉得在厦门开出租车啊，其实就是客人花钱带我去旅游。"

　　我没听懂，追问什么意思。

　　"你看，前几天有一对来厦门的情侣，预约我的车早上四点半去海边看日出。我平常五点才出车，要早半个小时，我真的不想去。不过我后来一想，我来厦门这么多年，从来没有去海边看过日出啊！于是我早上拉他们到海边，把车停在路边，一边喝茶水，一边吃包子，一边看着他们在沙滩上依偎的背影等日出……"

　　我彻底来了兴趣："还有吗？"

　　"有一回我接了一个黑人老外，上车就和我手舞足蹈、噼里啪啦地说了一堆外国话，我完全听不懂，只能也比画着和他说中文。我们俩谁都听不懂对方，但是竟然还能叽里呱啦开心地聊一路……"

　　……

　　20分钟的时间转瞬即逝，下车时我特意加了这位师傅的微信，约定如果有长途的需求，一定第一个联系他。

　　各位读者，你们觉得这两位司机有什么区别吗？

　　我想你也会有和我类似的看法，第一位司机师傅太消极了，而第二位司机师傅心态更健康。

　　我们每个人当然都希望成为积极的人，为什么有些人会越活越积极，而有些人活着、活着，就活得消极了呢？

　　史蒂芬·柯维博士在他的代表作《高效能人士的七个习惯》一书中提

出了两个著名的概念：关注圈和影响圈，见图3-1。

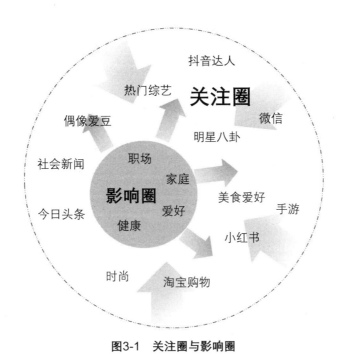

图3-1　关注圈与影响圈

关注圈是指我们日常所关注的事情，如家庭、事业、时事、新闻、娱乐、八卦等。这些事情中，有些我们可以通过力所能及的动作加以控制和改变，更多则无能为力。把那些个人能够施加影响并改变的事情圈起来，就形成了个人的影响圈。

柯维博士认为，如果一个人专注于影响圈，专心做自己力所能及和发展自己潜能的事，他会有以下特点：

- 总是注意自己做得不好的地方，并想办法改进；
- 总是将注意力放在自己能想办法解决的范围；
- 总是先寻求自己的改变，从而带动别人改变；

• 自己和别人都会觉得你越来越乐观——谁喜欢和悲观的人在一起呢？

• 能力会越来越强，影响圈也会越来越大……

反之，如果一个人过分关注自己不能影响的关注圈，紧盯外部琐事、他人的缺点以及自己无法改变的事情不放，他会变成另一个面孔：

• 总是注意别人做得不好的地方；

• 总是将注意力放在自己不能解决的范围；

• 总是希望别人先改变，自己才改变；

• 自己和别人都会觉得你越来越悲观——你真的好像什么事情都影响不了；

• 你的能力会越来越弱，影响圈会越来越小……

一句话：你越关注你不能影响的，你的影响圈越小；你越关注你能影响的，你的影响圈越大。

第一位司机师傅将大部分的精力放在了不能被影响的那一部分关注圈上——悲惨的生活、艰难的工作、糟糕的市场、堵车的晚高峰……久而久之，他的影响圈越来越小，整个人也会随之变得越来越消极。不但如此，他还会把这种消极传递给身边的人。在外面和乘客抱怨，回到家可能也会和家人吵架，孩子一旦考试不理想就大声责骂。他觉得他有权利生气，因为他只关注消极的方面。

而第二位司机师傅则完全不同，他面临的工作与生活的压力与第一位司机师傅差不多，但是他却将大部分的精力放在了力所能及的影响圈上面：当遇到问题的时候，承认现在的心情不好，但他会迅速收拾心情，去考虑接下来还能做一些什么事让结果更好一些。久而久之，他的心态越来越积极，传递出的能量越来越高涨，结果自然也越来越好。我自己很想再有机会坐他的车，我相信和我抱有类似想法的乘客必然不在少数。

总结一下，积极主动的人更多关注影响圈，他们专注于做自己力所能及的事，通过自身的努力扩大影响圈的影响，从而改变所处情境。消极被动的人则聚焦在关注圈上，紧盯他人的弱点、体系的漏洞、领导的风格以及超出个人能力范畴的事情不放，不断为自己的消极行为找借口。怀着强烈的"受害者"心态和"无力感"，却从没有把自己的注意力从关注圈转移到影响圈，看看自己能够做出什么样的改变。

对于新生代员工的管理亦是如此，通过第一章的画像，我们已经看到新生代员工们身上的不足。很多管理者都有着或多或少的消极心态，长期形成的思维模式让他们大多都在期待95后员工们的主动改变，却忽略了自身需要做出哪些切实的调整。如果一直把精力放在关注这些新生代员工的"缺点"之上，尝试去"改造"他们，管理者就会苦恼地发现，自己对他们的影响力越来越小，同时，管理成本也会越来越大。

笔者曾为某民营企业的销售主管们上新生代员工管理的课程，下课后，一位学员把我拉到旁边说："老师，我想离职！"

我吓了一跳，以为他是来投诉课程内容，赶忙问他："你有这想法和我上课讲的内容没关系吧？"

"那倒没有。我就是觉得比较郁闷，想听听老师的建议。我以前是公司最好的销售人员，领导就把我提拔成主管，让我带一个销售团队。但是我觉得我真地带不动我手下这帮小孩儿，尤其是有一个小B!感觉他事事故意和我作对。我和领导提过只想做业务，不想带团队，但是领导不同意！所以我就想要是不把这个小B调离我的团队，那我就干脆离职算了！"

我想了一想，问："你会不会每天都关注这个小B？"

"当然会啊！"

"如果他做出了让你不舒服的举动，你会不会立刻注意到？"

"当然会啊，我觉得他就是故意在气我！"

"你有没有想过换个思路，把你自己的管理行为做一些调整，看看会不会有效果？"

"没用的！老师，我和你说，我注意这个小B很久了，他就是油盐不进！"

我又接着耐心开导："他其实不一定是故意在和你作对，只不过他某些行为让你不舒服。但是你被这个想法带进去了，越看他越不舒服。你太过在意他的动机，以至于更重要的——你自己应该做的事情都忽略了。我给你的建议就是换一个思路和视角，思考一下'事已至此，我还能做出一些什么样的改变让自己和小B之间的关系更融洽一些'。简单点说就是八个字：**改变自己，影响他人。**"

总结一下，建议各位管理者从以下三点入手，时时检验自己的精力投放方向。

1. 正本清源

牢记自己的出发点是真心帮助新生代员工，而不是发现不合心意之后去惩罚员工。在别人身上"刷存在感"是很多管理者喜欢去做、但其实得不偿失的事情。要时时提醒自己，把精力投放在真正能够影响对方改变的区域之中。

2. 行胜于言

少些颐指气使，多点身体力行，在工作中尤其是这样，批评是容易的，做事是困难的。而最好的帮助、建议则来自身体力行去做事，用这种方式去改变自己，影响他人。

3. 积累信用

通过传递善意，以及身体力行的改变，来不断扩大管理者的影响圈。同样一句话，有些人说出来大家点头称是，有些人说出来大家不以为然。差别只在于说话人的影响力。在扩大影响圈这件事上，从来没有捷径，需要管理者从一件一件靠谱的事情中不断积累。

第三节　针对设计，培养新生代的能力

小X是参加过笔者"创新课"的一个学生，课后一直和笔者保持着联系。大学毕业后，小X进入了一家互联网医疗企业，公司地点便利，办公环境豪华，薪酬待遇上乘，可以说是非常理想的职业生涯起步企业了。

可是仅仅上了三天班，小X就给笔者发了个消息："老师，我大概是进了传销窝点了吧！"

和许多互联网公司一样，小X的公司每天也要开团队例会，晨会布置工作计划，夕会总结工作成果。

但是和许多互联网公司不一样的是，例会结束的环节，要求所有员工在部门主管的统一指挥下，列队在会议室喊口号，还要求必须喊得很大声，声嘶力竭最好。

用小X自己的话说："主管前面抽风，员工后面发疯。群魔乱舞五分钟，各就各位开工。"

不但如此，更令小X纳闷的是，公司前辈那些哥哥姐姐，似乎对此习以为常，没有任何反感。

实在受不了，小X趁着中午吃饭的机会，问了下公司的前辈，例会喊口号会不会尴尬？前辈的回答是："当然会尴尬，就像是傻子。不过那有什么关系？大家都得做，谁也不会笑话谁，也就无所谓了。再说，这是公司的文化，想要在公司继续干下去，就要适应这种文化。"

小X彻底蒙了，这样喊口号洗脑的企业文化真地没办法接受。一周之后，小X向领导表达了辞职的意向。领导立刻找小X进行沟通疏导，激情洋溢地为她讲述着公司未来的发展蓝图，尽可能为团队挽留住这个人才。

结果，这次沟通以小X当场写下辞呈结束。

这是传统管理者非常喜欢的一种管理方式，通过整齐划一的口号式洗脑来传递企业文化，以鼓舞干劲、激励人心。这种方式对70后、80后还能起到一定的效果，但对"抽离"的95后来说，这种场合下他们基本上扮演观众的角色，这种方式对他们起不到任何鼓舞士气的作用。

还有一种职场洗脑型老板，他们最常挂在嘴边的问题是："你到公司来工作是为什么？"

这个问题可能会有五花八门的答案，但大多数人心底承认、嘴上不说的真实理由是：当然是为了挣钱啊！

这时，老板会顺着你的答案谆谆教导，最后得出自己的观点，工作是为了实现梦想啊：

- 你想早日实现理想，就要努力学习多奋斗……

- 你想买得起房和车，就要拜访客户多奋斗……

- 你想要在公司晋升，就要听领导的多奋斗……

- 把公司当作自己家，工作中要拿出创业精神，因为努力工作就是创业，就是为了你自己……

对于70后、80后的职场人来说，哪怕并不认同，也会做出虚心接受、坚决执行的表态；但对于95后来说，对洗脑的抗拒和对权威的漠视会让他们直接回怼："工作是为了实现梦想？我的梦想就是不工作！"

第一章我们讨论过，在95后的职场认知中，能否在未来的工作中不断接受新知识，持续迭代新技能，至关重要。因此，如果管理者是通过"赋能"来"洗脑"，95后们还能接受，但如果管理者单纯是通过"打鸡血"来"洗脑"，就极容易导致不欢而散的结局。

笔者投资的一家职业教育公司，近来入职了一位师范院校毕业、从国内知名的职业教育公司跳槽过来的95后培训老师小Y，教学经验丰富、教学能力出众，甫一入职就成为了教学队伍中的重要力量。欣喜之余，我也十分疑惑，我们团队的企业品牌、薪酬奖金、工作环境都远远不如她的前东家，她跳槽的原因究竟是什么？好奇一问，没想到小Y一下子打开了话匣子：

在前公司入职培训的时候，带教老师并没有教学科具体的前沿知识或者教学技巧，而是不厌其烦地在强调"客户意识"：

● 我们要认真对待客户，客户是衣食父母、是上帝；

● 我们要急客户之所急，让客户感受到我们的热情；

● 我们要赢得客户的信任，客户才会买我们的课程；

● 我们赚得多了，才能让家人过上梦想中的生活！

小Y实在听不下去了，插嘴问道："老师，您说的这个跟我们教学有什么关系？"

带教老师突然被问住了，愣了一下，反问道："怎么没关系？"

小Y接着说："学员为我们的教学付费，是因为我们提供了他需要的价值。听你说的怎么好像是我们在求着客户一样？"

带教老师一时语塞，憋了一会，留下一句："明天你不用来了。"

听完这段故事，笔者五味杂陈。庆幸的是坐在家里竟然还能"捡到了宝"，遗憾的是即便是知名企业依然还没有摆脱传统洗脑的"恶习"。

企业向员工传递珍惜工作、努力工作的观念，这本身是没有错的，错就错在传递的方式上。传统的企业老板特别习惯以洗脑的方式贩卖焦虑，进而推销职场理念并企图去掌控员工。这种做法对70后、80后员工可能还有用，但95后们显然不吃这一套。

新生代们刚刚脱离"校园人"的身份，职业生涯开始的时间比较短，不管是技能上还是观念上都存在着明显的短板。因而，对他们进行职业操守、企业文化等方面的培训是应该的，也是必要的。但是，培训并不应该仅仅只是"洗脑"，更应该侧重于让他们能够在培训过程中学习到具体的知识和技能。对于不能学习到实质性技能的培训，95后是拒绝付出时间和精力的。因此，与其用笨拙的洗脑口号引起不必要的反感，不如真切地为他们设计一些切合实际的提升能力的方法。

下面，笔者介绍一种针对新生代员工而设计的能力培养方法。

普林斯顿大学创造领导中心的摩根·迈克尔与两位同事在观察了很多企业的学习效果之后，在三人合著的《构筑生涯发展规划》一书中总结出了著名的"人才培养721学习法则"。时至今日，这个法则依然是很多企业和团队培养员工时对照的标准。

- 个人成长的70%来自工作实践，包括完成工作任务、解决业务难题等。从培养方式的角度讲，工作任务委派、参与工作项目、在岗训练等均包含在内。

- 个人成长的20%来自观察他人，或他人的指导与反馈，也就是一般企业所采取的"传帮带""导师制"。员工跟随在导师身边，观察、学习导师的工作过程与方法，同时接受来自导师的指导以及工作反馈。

- 个人成长的10%来自正规的课堂学习，由培训部门根据业务单元的诉求，基于岗位工作任务需要设计培训体系规划、交付培训产品等。

新生代员工刚进入企业时，都会接受公司提供的一系列培训，以帮助他们尽快上手工作。但这些人承担较多的一般是重复性的事务性工作，日复一日，年复一年，如果没有刻意的培养和设计，一来非常容易倦怠，二来对自身成长的感知也不明显。笔者听过很多类似的牢骚："三年工作经验，其实就是一天的工作重复了三年而已。"

造成这种结果的一个很重要的原因，是管理者往往只强调指派导师带教，以及组织相关培训，却忽视了能够发挥70%作用的"实践中学习"的缘故——将员工置身于真实的项目操作场景中，以实践来推动其能力的发展。

但是，新生代员工由于进入职场时间不长，在能力上还有较大的提升空间，贸然让他们操盘重要的项目，管理者要承担极大的风险。这也是许多管理者犹豫、迟疑的原因之一。解决的方法其实也不难——根据希望员工提升的能力方向，设计一系列基于成长出发的"小项目"。这些小项目需要有别于他的常规工作，但又要与希望员工发展的能力方向有机结合，同时还不能占用员工太多额外的精力。不同类型的项目，匹配不同类型的能力。

接下来，笔者列举一些典型的小项目的设计思路。

1. 研究课题

设计一个小型的研究课题，让员工尝试进行分析与探索。

以健身房为例，健身房每入职一个新的健身教练，笔者都会给他布置一个"入职课题作业"：研究一个当下最流行、但本门店还没有提供的团操课产品，得出是否需要研发、引进以及在本门店开课的结论，并在团队内部做分享。

这种研究课题的小项目，可以培养一个人多维度的能力。

（1）信息搜集：需要教练认真观察市场与客户，并从中挖掘到市场流行与学员追捧的团操课产品；

（2）数据分析：需要教练将搜集得来的信息，结合其对本门店客群现状的理解与自己过往的经验，得出结论；

（3）展示汇报：需要教练将前面的工作与思考的结论，整理成面向会籍销售人员、其他教练的分享材料，并当众汇报。

这种小型的研究课题难度不大，不会给教练们造成额外的负担，同时这些课题与教练们的工作内容强相关，在当众汇报的时候还能帮助新教练快速融入团队，广受大家的好评。

2. 解决问题

将经营当中遇到的真实存在的问题设计成项目，发动员工的智慧解决。

每个月末，经营团队在组织召开月例会的时候，都会推出若干个"问题"类的小型项目，鼓励大家尝试进行思考与解决。比如：

- 如何让团操的平均上课人数增加10%；
- 如何有效提升跑步机等大型健身器械的使用寿命；
- 如何增强会员们的社群黏性……

这些问题不一定和所有员工的工作目标直接相关，但集思广益地解决问题的过程，一方面能够发掘出很多创新的思路，另一方面也促进了会籍销售团队和教练团队之间的了解与融合。

3. 实战模拟

设计、改变真实发生过的项目案例，由新生代员工进行模拟演练。

企业中有一些和客户尤其是大客户打交道的工作，要求员工单兵作战的能力比较强，且一旦失误，需要公司耗费大量的资源和精力去补救。因此，这类工作往往都交由经验丰富的老员工负责。久而久之，一方面造成老员工承担了太多重要的大客户销售任务的压力，另一方面也无法给新生代员工提供成长的机会，加速其产生职业倦怠甚至离职。针对这样的情况，为了快速地培养这一类岗位的新生代员工，可以考虑为他们设计一些模拟实战的小项目。

根据过往真实发生过的客户端沟通、销售案例，模拟出真实的客户背景、相关利益方和参与人，由老员工去扮演，让新生代员工进行实战模拟操作，当模拟结束后再由老员工进行即时的点评和反馈。

仍以健身房为例，门店有一项重要的2B类型的业务是"送课到司"，即客户公司集中采购一批团操课程，门店派教练到客户端去交付。教练上门之前需要与客户进行大量的沟通，包括学员类型、授课时间、场地布置、配件采购等，再根据客户的实际情况来制订团操课的类型和交付形式。有别于在门店自己的团操课教室上课，这种送课到司的模式也被大家笑称为"客场作战"。

对于第一次"打客场"的教练，店长会提前一周左右为其设计这样实战演练的小项目，由之前接触过客户的会籍销售人员详细介绍客户的基本情况和诉求，再由几个老教练扮演参加课程的学员，让新人教练真实模拟上课的场景，老教练根据过往的经验提出一些略带刁难的问题帮助新人教练做好心理准备，并在演练结束之后针对性地给出建议。当然，模拟实战与真实场景之间必然还存在着差异，但是相较于单纯的学习或者观摩，模拟实战的效果还是相当明显的。如果在正式接触客户之前，新教练已经经过了多次磨砺，那么他在第一次"打客场"的时候，能力和底气都会变得更充足。

值得一提的是，这种模拟实战的小项目，对"扮演者"的能力也有一定的要求。需要管理者提前对老教练们进行简单的培训，主要聚焦在如何在小项目的过程中和结束后对新教练进行有效的反馈和辅导。比如，如果新教练在实战模拟当中的某个环节完全不知道该怎么做，这个时候就需要老教练对他直接进行辅导与提升。可以运用阿里巴巴集团辅导员工的著名的十六字方针："我做你看，我说你听。你做我看，你说我听。"

● "我做你看，我说你听"：当新教练不知道如何处理模拟实战中遇到的状况时，老教练首先进行角色转换，由他扮演上门教练来落实课程交付动作，而由新教练扮演客户来进行应对。这时候老教练不但要模拟，还要讲解每一个话术，以及话术背后的理由和思考。

● "你做我看，你说我听"：当老教练演练完毕之后，再用同样的场景让新教练来模拟一遍。模拟结束之后，还需要新教练复述整个流程、注意要点与心得体会，发现问题及时纠正。

通过"我做你看，我说你听。你做我看，你说我听"的步骤，将整个交付过程中需要的技能完整地传递给新教练。

关于反馈方面的更多技巧，将在第五章"与新生代员工沟通的策略方法"中做更为细致的探讨。

以上三种类型，便是依托"721原则"针对性培养新生代员工的小项目。需要提醒管理者注意的是，"721原则"的三种培养方式之间并不割裂，而是相辅相成、环环相扣的有机整体。因此，在使用这种方法对员工进行培养时，还应该注意以下几点。

1. 重视反馈复盘

小项目结束之后，必须花精力对新生代员工在项目操作过程中的表现与结果进行反馈和复盘。单纯的反复练习很难带来明显的成长。如果没有反馈，员工看不到自己的实际表现与期望表现之间的差距，也就会对提升方向感到模糊。

这种复盘可以由新生代员工自我发起，也可以在管理者的引导下一对一复盘。安德斯·艾利克森在《刻意练习》一书中指出，真正的高手都是通过"识别场景—总结套路—针对套路有意为之—寻求反馈"的循环来修炼而成的。

2. 制订成长计划

通过复盘觉察到不足之后，管理者还要为新生代们制订成长的小计划，并持续跟进。而这种成长计划同样可以以新的小项目的形式出现，即将上一次复盘的成长小计划作为新的项目里的成长目标。通过这样螺旋式上升的方式，帮助新生代们不断提升自己的能力。

3. 不与考核相关

新生代的成长是一个"润物细无声"的过程。笔者建议，这种小项目的设计不要与他们的业务考核强相关。

一旦将小项目的训练与考核指标挂钩，就可能导致为了执行项目而执行项目的情况发生。员工因为担心项目完成得不够好，就会尝试去寻求一些"歪门邪路"来让结果变得好看，甚至可能直接请经验比较丰富的老员工代替他完成任务，这就与我们培养新生代员工的初衷背道而驰了。

第四节　虚心求教，激发新生代的意愿

第一章我们探讨过，代际之间的差异和"战争"一直存在。本书主要

讨论以95后为代表的新生代员工，似乎他们常常会表现出许多令人咋舌的行为和言论。但那些感叹"看不懂"新生代员工的管理者们，很大一部分就是80后和90后。很多人应该还记得，80后当年也曾经被称为"垮掉的一代"，90后也曾被冠以"非主流"的标签。职场代际员工之间的关系处理并非一夜之间冒出来的难题，也不只是我国才有的管理现象。在国际上，一些世界500强企业也曾经被代际问题困扰过，那么，他们是怎么解决这个问题的呢？

美国通用电气（GE）公司就遭遇了这种困境，年长的员工理解不了年轻一代，而年轻一代嫌弃公司不够新潮、不够酷。为了解决这个问题，通用电气尝试了一种新颖的管理方式——逆向导师制。

GE选择了一批具有创新意识的年轻人，然后让高管们每个人至少从中选择一名作为自己的导师。没错，年轻人是导师，高管是徒弟。年轻的导师们要定期给资深的高管们上课，告诉他们世界的热点是什么、年轻人现在的关注点是什么。同时，他们的教学方法也与过往有很大不同，他们可能会用APP来教学，这些APP之前高管们连听都没听说过。当然，毕竟是要给高管上课，为了上好课，年轻的导师们不敢怠慢，他们用心地备课，然后将自己的研究结果和他的学生分享，双方互相深入地交流看法。

逆向导师制在GE取得了很好的效果，引得诸如IBM、思科等国际巨头纷纷效仿跟进。我国也有不少企业引进这种方式，比如中兴通信、美的集团，等等。这种不同以往的逆向导师制至少有三点明显的好处：

（1）高管们通过新生代员工这个窗口，了解到世界的热点和趋势，跟上了时代；

（2）在交流的过程中，年轻员工也通过高管使新潮知识在企业中落地；

（3）在每次备课的过程中，年轻员工们对世界的看法不再停留在表面，为了输出经得起高管们推敲的研究成果，他们必须从现象到本质、从问题到解决方案，系统梳理他们的所见、所闻、所感、所想，必要的时候还需要查阅很多的专业资料，这种以教带学的方式，比其他任何学习方式的效果都要好。

逆向导师制不仅培养了年轻员工，也培养了年轻员工的管理者，还增进了代际之间的深度沟通，缓和了代际的隔阂和冲突，真可谓一举三得。

实施逆向导师制最大的障碍是传统的层级观念。管理者们放不下面子，年轻人们放不开胆子。因此，管理者一定要有坚定推行的决心，并且带头示范，在团队中塑造起平等、开放的内部沟通氛围，通过这种机制来激发新生代员工的热情。

即使企业的条件还不成熟也没关系。从管理的道和术上来拆解，逆向导师制是一种"术"，我们还可以从"道"的层面来借鉴这个机制的逻辑，依此来梳理出适合我们企业自身的管理方式。

简单拆解一下逆向导师制背后的"道"，可以看出这种机制背后藏着三个基本假设。

（1）年轻人更懂新时代，年轻人更懂年轻人。

（2）教是最好的学。提出主题，让年轻人当老师，反而是培养他们最好的方式。

（3）年轻人有自己的智慧，相信他们，并给予一定的支持，他们可以表现得很棒。

GE公司敢于在机制层面让年轻人去教那些优秀而资深的高管，归根结底，就是他们相信上面的三个基本假设。这给了一些尚不具备条件的团队一些启发，即使不应用逆向导师制，我们也可以借鉴它背后的这些假设和原理。

建议管理者尝试在企业、团队内部组建以95后新生代员工为主的"后浪"讲师团，针对行业趋势、客户痛点、市场热点、产品设计等话题，请他们来研发课程并讲授，这样能极大地激发他们的自主性。这其实就是在印证第二条假设：教是最好的学。

除此之外，在日常的管理沟通中，管理者也可以结合教练技术中的提问技术，从传统的"我教你"模式，转变成"我向你探求答案"模式。

"我教你"的潜台词是：你不会，需要我告诉你；

"我向你探求答案"的潜台词是：我相信你可以自己找到答案。

这其实就是应用了GE的逆向导师制背后的第三条假设，新生代员工们有他们自己的智慧，只要给予支持，他们可以表现得很棒。

第五节　创造条件，鼓励新生代的参与

互联网强大的连接能力解放了人类的社交天性。因为文化背景、社会环境和社交习惯等因素的不同，每一代人都有属于自己的社交平台。

80后成长于BBS/论坛/博客/QQ时代，社交网络进一步满足了人们展

示与分享自我的需求。

90后成长于微信/微博等移动社交时代，通过手机与人沟通和结交朋友成为主流行为。

而以95后为代表的新生代们被称为"互联网世界的原住民"。根据Quest Mobile发布的《2020年Z世代洞察报告》，截至2020年11月，95后、00后等"Z世代"活跃用户规模达到3.2亿，占全体移动网民的28.1%。他们习惯于通过互联网解决吃喝玩乐学等一切需求，习惯于在游戏世界以自己为中心、受自己的意志支配，习惯于在自媒体与社交软件上发表自己的观点……一言以蔽之，他们习惯了"做主角"。

在新生代员工群体中，这种主角思维是很明显的。因此，有很多管理者向笔者抱怨："都想当主角，这还怎么管！"

实际上，管理团队讲究的一定是"顺势而为"，作为新生代员工的管理者，不仅应该接纳他们被成长环境造就的性格，更应该利用这种"主角心态"来实现价值感的赋予。

H经理是国内某知名服装企业的企业大学负责人，团队成员共7人，负责全集团各省市分公司几万人的培训体系规划与培训会议组织，工作压力非常大。同时，培训组织工作繁琐而重复，尤其是组织集团公司层面的培训时，需要协调各个省市学员的行程和时间，繁杂的工作量极易让人烦躁。但令笔者惊奇的是，H经理却将团队经营得有声有色，团队文化积极向上。笔者向H经理请教多次，总结出一些"秘诀"。

首先，H经理效仿阿里公司的"花名"体系，她自己带头，让团队每个人都起一个代号，要求大家在平时的工作里不要喊她经理、领导，而是直接喊她的代号。这个措施有效减少了职位带来的距离感。

其次，H经理专门召开了几次团队会议，摘选、讨论出一些与团队协调紧密相关的职能，将需要大家合作完成的工作分类，并冠以富有互联网特色的名字。每个工作类别都安排AB角，让团队中的每个人都承担一部分的团队协作工作。

同时，H经理在办公室的玻璃墙上做了工作看板，要求模块负责人在每周例会后把重要的工作任务和负责人的信息及时更新在上面，让全团队都对各项工作进度了然于胸。

例如，每个月需要统计学员对于企业大学组织工作的意见和建议，并形成报告供上级领导参考。因为要从各处收集信息并整理，所以大家将这个工作形象地戏称为"八卦记者"。这个工作模块的负责人每月轮换，每到月底的时候，如果看到看板上"八卦记者"这一栏还没有更新，大家就会朝着本月的轮值模块负责人开玩笑："这个月轮到你写'八卦新闻'啦！"

不仅如此，H经理还专门设计了一个角色（团队称之为"头领的右手"），并让渡了自身的一部分管理职能，尝试让大家提前适应管理者角色，锻炼管理者思维。这个岗位专门负责保障各个管理决策的工作有没有落实到位，如果看到哪项工作迟迟没有推动，他就会去和相应工作模块的轮值负责人沟通，了解具体有什么困难或者有什么情况。由于大部分工作基本都分摊到具体的模块负责人，因此并不会造成额外的工作负担。

为了适应新生代员工对于"多样性"的要求，H经理还会对担任"头领的右手"的团队伙伴做不定期的调整。经过一段时间的"角色扮演"，负责人如果觉得这个工作没什么挑战或者学不到新东西，希望去承担另外一个管理的角色，就可以在部门内部沟通会议上提出来，但他需要事先沟通好接替的人选并做好过渡交接，保证工作的有效延续。

在职场上有这样一种现象，上级对于工作的投入程度总是比下属要强一些。原因当然有很多种，但其中一个经常被忽略的原因是，上级的目标有很多是他自己设计的，而下属的目标大部分是上级指派的。换句话说，人只会对自己亲身参与制订的事情有感觉，在参与的过程中才会认为自己有价值、被需要。

组织行为学告诉我们，人一旦开始参与并扮演某个角色，就会自然而然地按照自己对这个角色的期待去行动。H经理把管理角色赋予团队中的成员，让大家参与到对团队的管理与协调中，他们就会按照他们心目中对管理者的期待来行动，无形中增强了自己的价值感，提升了他们对自我的要求。同时，员工在扮演管理者协调工作的过程中，还能体会到管理角色的不容易，方便他们换位思考，为日后提升他们工作的配合度奠定了基础。

和H经理交流到最后，我问了她一个问题："你的管理职能都分出去了，那还要你干吗呢？要学老子治国理念一样，当个'无为而治'的甩手掌柜吗？"

H经理笑了笑："我其实学习的不是老子，而是杰克·韦尔奇。"

原来，H经理在读MBA的时候系统研究了通用电气前CEO杰克·韦尔奇的管理方法，她发现，除了提出"数一数二"的经营战略之外，韦尔奇最重要的管理理念，就是对人才的培养与发掘。他认为人才是通用电气最宝贵的财富，因此他将大量的精力放在了关注员工上，将最大的支持和资源授予最优秀的人才。

这种管理行为的背后，是管理学中的经典理论"霍桑效应"。

20世纪30年代，美国哈佛大学教授乔治·埃尔顿·梅奥领导的项目组在芝加哥西方电力公司霍桑工厂进行了一系列关于工作条件、社会因素和生产效益关系的试验。梅奥教授发现，被试验者在精神方面产生的变化可以有效提高生产效率。参加试验的工人被置于专门的实验室并由研究人员领导，其社会状况发生了变化，受到各方面的关注，从而形成了参与试验的感觉，觉得自己是公司中重要的一部分，从而使工人从社会角度方面被激励，促进产量上升。被关注是人们内心最普遍的需求，无论何种工作、何种职位，人们都希望"被看见"。也就是说，对他人的关注也是一种强有力的生产力。

H经理深受启发，于是在完成本职工作的基础之上，她开始有意识地将一部分精力调整到"关注员工"上。及时和各位员工沟通，关注员工的能力发展，关注他们的状态变化……她将自己的角色从"监督者"演变成了"支持者"，通过关注和沟通来真正支持员工。

访谈到最后，H经理用一句话来总结了她自己的管理经验："说到底，我就做了一件事。在工作中创造了一些环节，让员工参与进来，营造参与感"。

模块三　优化沟通体系

提起沟通，很多人的第一反应是"不就是说话嘛"。但从第一章对新生代员工的画像来看，与他们沟通往往是令很多管理者极为头痛的事情。新生代员工们对生活中的沟通非常擅长，但到了职场中的沟通又变成了另外一副模样。相较于生活中的沟通，职场沟通有三个明显的特征。

1. 职场沟通有目的

与新生代员工做沟通之前，一定要明确谈话之后你要达成的目的。可能是任务结果的推进、可能是资源的改善、可能是状态的调整或信心的提升。漫无目的的职场沟通会让新生代们产生莫名其妙的不适感。

2. 职场沟通讲规则

不像生活里的沟通那么随意，职场沟通有明确的、需要遵守的规则：在讲解工作的时候应该"结论先行、分类分组"，在安抚员工的时候应该"先处理心情，再处理事情"……熟练掌握这些规则，能够让管理沟通事半功倍。

3. 职场沟通求效率

每个人的时间与资源都是宝贵的，在职场沟通中，需要选取效率最高的方式，推进沟通的进程，以尽快过渡到成果执行与交付的阶段。

综上所述，作为新生代员工的管理者，应该带着目的、有效率、在规则之下达成与员工的共识，进而推进下一步行动计划。本模块便是围绕着与新生代的职场沟通这一核心话题展开。本模块的第四章，我们一起来讨论，与新生代员工沟通过程中的障碍，以及破解这些障碍的观点和理念；本模块的第五章，将介绍与新生代沟通过程中行之有效的策略以及方法。

第四章

与新生代员工沟通的
观点理念

第一节　分门别类，匹配新生代沟通模式

在与新生代员工接触的日常中，有三种常见的形式，通过三个场景来一一介绍。

场景一：员工小A冲到经理的办公室，一进门就滔滔不绝：

老大，任务目标实在是太高了！以现有的市场资源根本完不成！

老大，这个客户我不想跟了，太难伺候了！

老大，咱们老板太不近人情了！刚才开会时怎么那么不给面子！

……

这是第一种沟通形式，可以称之为"抱怨""倾诉"或者"发牢骚"。

这种沟通如何应对呢？我们不妨换个角度。如果你是小A，你最希望领导听完之后是什么反应？你最不希望他们是什么反应？

大家的答案应该是差不多的：

我们最希望别人对我们展现认同、安抚、接纳；

我们最不希望别人立刻对我们展开说教、批评、反驳……

请你记住这个答案。

场景二：经理和新入职的员工小B就职业生涯发展进行对话。

经理："小B，欢迎加入我们团队，怎么样，对未来的工作和职业生涯有什么展望吗？"

小B："感谢经理，我希望未来能够在团队内展现我的优势，优化我们的体系，重塑我们的流程……"

经理："想得挺长远的，我相信你未来有这样的能力。不过我认为啊，年轻人刚踏入职场，还是应该从眼前的基础工作任务做起……"

此处，我们不讨论经理与小B的观点孰对孰错，请先思考一个问题，当这场对话结束的时候，经理与小B是不是就未来职业生涯如何发展达成了一个统一的观点？

答案显然是不一定。每个人对未来的职业发展都有自己独特的设想，并依照这种设想去匹配相应的能力与资源。在未对对方有深入了解的前提之下，双方不过是在这段沟通的过程中阐述各自的观点、交流各自的思想。

这种沟通如何应对呢？我们再尝试换个角度。如果你是小B，你最希望领导听完之后是什么反应？你最不希望他们是什么反应？

大家的答案应该还是差不多的：

我们最希望别人能够坦诚、认真、开放地表达他的观点；

我们最不希望别人在沟通结束的时候强迫我们认同他。

同样的，也请你记住这个答案。

场景三： 经理和手下员工小C就一项工作任务展开沟通。

经理："小C，这项任务挺重要的，我郑重地交给你，请务必认真对待，需要什么资源及时和我申请，两天之内一定要完成。"

小C："老大，我仔细评估了一下，我觉得这个任务的工作量还是蛮大的，两天完成恐怕确实有些难度。能不能多给一些时间？"

经理："你估计需要多久？"

小C："四天吧，四天我应该可以完成。"

经理："四天太长了，会影响我们整体工作的进度。三天吧，手头其他的工作先放一放，优先做这个工作，三天内完成。"

小C："明白！"

这是第三种沟通场景。经理和小C一开始就对工作的具体安排产生了分歧，但是经过沟通之后，双方达成了共识，并且推进了下一步的行动计划。

与前两种不同，这种沟通场景下，管理者最重要的事情，是在沟通的过程中寻找到与对方观点的交集，并且通过多重手段达成共识，进而推进下一步的具体动作。

以上三个场景，就是我们在工作中最常见的三种沟通模式：

（1）单向输出：寻求情绪认同。

（2）双向交流：交换思想观点。

（3）寻找交集：达成共识动作。

不同的沟通模式，应该采取不同的措施与方法来进行应对。前文中，我们面对不同的场景中"最希望对方的反应"以及"最不希望对方的反应"，就是我们在与新生代员工沟通过程中最常犯的错误——应对错位：明明是"单向输出"或者"双向交流"的沟通场景，管理者却错误地用了"寻找交集"的应对方法，非要说服对方达成共识，最终落得不欢而散；明明是应该"推进动作"的沟通场景，管理者却错误地用了"赞同""交流"的应对方法，导致工作停滞不前。

因此，作为新生代员工的管理者，首先要能够识别出对方的沟通模式，并匹配相应的应对策略。

詹姆斯·S. 奥罗克在《管理沟通：以案例分析为视角》一书中将沟通描绘为一个形象的模型。他将沟通的行为分解成了以下几个阶段。

（1）产生想法：A的脑海中首先产生一个想法，得出真实的意图。

（2）信息编码：A再将脑子里所想内容组织成具体的表达形式，这个过程称为"编码"。

（3）渠道传递：A将要表达的内容通过各种渠道——当面、微信、邮件、电话等传递出去。

（4）信息解码：B接收到信息后，尝试梳理、解读A要表达的意图，这个过程称为"解码"。

（5）转化行动：B依据解读出来的信息转化为可能的行动。

奥罗克认为，管理沟通就是不断编码、发送和解码的过程，见图4-1。而这个过程中，有三个节点可能出现沟通不畅的隐患（称其为"噪声"），这些噪声有可能影响沟通之后管理动作的具体推进。

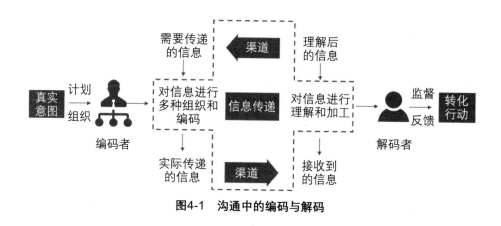

图4-1　沟通中的编码与解码

1. 物理噪声

指由于沟通渠道堵塞而导致的沟通效果不良。如我们在追问员工某项工作的进度时，他们经常用以推诿的理由是"我没收到消息啊"或邮箱坏了、QQ对你隐身、朋友圈对你关闭……这些都是新生代员工管理过程当中的物理噪声。

2. 语言噪声

操持不同语言的两个人无法交流，而拥有不同语言体系的人一样难以沟通。如果双方不清楚对方的特定词语表达的意思，极易引发误会和矛盾。这也是管理者与新生代员工最常见的沟通噪声之一。关于语言噪声的详细内容，将在下一节"入乡随俗，了解新生代语言体系"中做具体的分享。

3. 情绪噪声

即使打通沟通渠道、共用语言体系，对方依然可能由于情绪的原因，拒绝与管理者进行深入的沟通。英国行为学家L. W. 波特提出的波特定理告诉我们，当遭受许多批评时，下级往往只记住开头的内容，其余就不听了，因为他们忙于思索论据来反驳开头的批评。管理者布置任务时，如果员工心理本能抵触，那么员工接受信息的通道就会变窄，解码信息的程度就会变差，他就会下意识去寻找不想接这个任务的理由和原因。关于情绪噪音的应对方法，将在第五章"与新生代员工沟通的策略方法"中做具体的分享。

明确了与新生代员工之间的沟通模式、沟通过程以及沟通中可能出现的隐患，管理者应该在日常与新生代员工的沟通中主动去思考，如何规避这些误区，以提升沟通质量，并通过识别模式、预判风险来调整与他们之间的沟通行为。

• 如果你的沟通目的是接受单向输出，那就切换成倾听的行为，详见第四章第三节"全息倾听，鼓励新生代吐露心声"；

• 如果你的沟通目的是双向交流，那就切换成交流的模式，详见第五章第一节"深层交流，探询新生代价值取向"；

• 如果你的沟通目的是达成共识，就要做出推动共识的沟通行为——摆事实，讲道理，分析利弊，等等。

第二节　入乡随俗，了解新生代语言体系

很多新生代员工在表达的时候时不时会甩出一些让管理者摸不着头脑的话：

"再不发工资连土都吃不起了。"

"这培训太无聊了，我选择狗带。"

……

笔者经常听到许多管理者无奈地评价这种现象："每个字都认识，连起来就不知道啥意思了。"

各行各业都有独属的专业术语，内行人听到心领神会，外行人听到不知所云。《图书馆学导论》一书中对这个现象有很精彩的论述：一个领域的语言体系就是这个领域所采用的词汇、句子以及表达意义的风格。而代际差异也是一种"领域"。各个年代的人都有独属于自己成长年代的语言体系，这种语言体系在很大程度上反映了某个时代的某一群体的面貌。它是变动的、发展的。也就是说，随着时代的变化，语言也会不断更新，80后会说着60后不懂的话，95后则说着让80后都不懂的话，到了00后又是另一个语言体系的出现。

很多人开玩笑称这种语言体系为"黑话"。熟练掌握并使用彼此都懂的语言体系，关系自然拉近。但如果听不懂对方的"黑话"，无异于"鸡同鸭讲"，无法顺利沟通。

腾讯QQ指数与中国社会科学院社会学研究所发布了《95后热词》研究结果，基于QQ指数大数据，收录了120个"95后"常用的高频词，以记

录"95后"的新文化生态。这些词汇大多具有独特而新颖的含义。

下面摘抄其中一些用词，以供大家了解。

1. 音译词

爱豆：英文单词"idol"的谐音，意为偶像，现发展为粉丝对偶像的爱称。

凹："这是今年的流行色，不知道你就凹了。"英文单词"out"的谐音，意为过时，用来形容事件或人物过时，不符合时代潮流。

伐木累：英文单词"family"的谐音，意为家庭、家族。例如：我们是相亲相爱的伐木累！

黑泡：英文"Hip Hop"的谐音，指嘻哈文化。

2. 谐音

舅服你："就服你"的谐音，遇上某些让人震惊的人或事，想要表达自己的敬佩之情就能用到这句。

3. 旧词新义

沉船：指在游戏内的抽奖活动中运气不好，没有抽到想要的游戏道具。例如：今天玩游戏运气不太好，老是沉船。

种草：指将自己喜欢的事物分享给其他人，使其他人也喜欢上相同事物的过程。也可以指自己受外部影响，对某事物产生了向往的状态。例如：终于买到了种草超久的口红，好开心！

保温杯：是中年危机的一种象征，指不论年轻时多么桀骜不驯，人到中年都走向保健之路，拿着保温杯过日子。

4. 外来词

flag：指说出某些话或做出某些事，这些言语或动作里有着暗示结局走向的成分。例如：你上个月立的那个减肥FLAG呢？怎么没见你去健身房？

wuli：韩语音译，意为"我们""我们的"。在使用中可以把朋友和喜欢的明星亲昵地称为：wuli＋名字。

5. 缩写

李菊福："理据服"的谐音，是"有理有据，使人信服"的缩写，在调侃论坛发帖的楼主，会使用"楼主李菊福"的表达。例如：无图无真相，有图李菊福。

数体教：意为"数学是体育老师教的"，原指某人数学不好，后引申至某人在某方面的能力欠佳。

6. 数字

666：是"溜溜溜"或"牛牛牛"的谐音，用来形容一个人或一个物品在某方面表现很出色，让人拍手叫好。

2333：指捶地哈哈大笑。使用过程中往往在"2333"后面加更多的3，变成"2333333"，表示笑得猖狂或笑得时间很长，用来表达内心讽刺或欢乐的情绪。

7. 中英混合

疯狂打call：在演唱会中，粉丝们会通过挥舞荧光棒、呐喊等方式，表达对偶像的支持和鼓励，称为"打call"。由此延伸出的"为XX疯狂打call"指的便是强烈支持某人或某事物。

8. 男性

盐系男：一般指干净、瘦高、嘴唇较薄、侧脸曲线完美，给人以清淡感觉的男生。

9. 女性

小姐姐：常见于宅男对软萌偶像的爱称，因为偶像的年龄不适合被称为妹妹，便称为"小姐姐"。现也常用于对日常生活中年龄相差不大的可爱女孩的称呼。

10. 群体

红领巾：指在网上匿名做好事（如发帖、共享资源等）、帮助他人的网友。例如：复习资料已发QQ群，请叫我红领巾！

很多管理者不喜欢员工在说话的时候使用这种"黑话"体系，他们认为这种表达方式既不严谨，听起来又像是调侃，感觉他们没有端正态度。其实这种排斥大可不必，新生代们的语言体系体现了他们的价值取向，了解这个体系就能了解新生代的价值观，这也是管理者与这个时代同步的重要行为。很多管理者因为无法理解95后的语言，而武断地对他们做出评价和判断，实际上也是对这个年轻群体的不公平。要想管理好他们，至少要知道他们说的是什么，听得懂他们的话，才能与他们在逻辑思维上保持一致，进而运用好这种语言体系与他们进行无障碍沟通。

未来的00后们，语言体系肯定与95后又不一样，作为管理者，现在不去了解95后语言，又该如何面对那些"每个字都认识，连起来不知道什么意思"的00后语言呢？

第三节　全息倾听，鼓励新生代吐露心声

新生代员工的一大特点是，他的想法不一定对，但他一定有自己的思维。管理者应该尊重他们独立思考的意愿，倾听他们独立思考的结论，再结合企业实际情况加以引导。

老W经营着一家互联网文化创业公司，主力团队由85后的文案编辑和95后的创意设计人员构成。老W深知95后对工作环境的"挑剔"，于是他在保障薪酬待遇的前提下，下了大力气设计办公室，还特意在工作区域设置了多项娱乐设施。但让老W灰心的是，这些举措得到了老员工的正面反馈，但95后的小朋友们似乎并不领情，工作的积极性也没有如想象中的那样激发出来。

于是，老W邀请笔者对其公司展开了调研。在经过了大量认真、细致的访谈之后，笔者归纳了这些95后对老板的"不满之处"：

"公司的待遇不错，工作环境也挺好。就是老板太烦了，一天到晚跟打了鸡血似的，整天说些没有用的东西。"

"和老板反映什么情况吧，感觉就是鸡同鸭讲，完全不在一个频道上。"

"我说的他都听不懂，他说的我也听不懂。"

······

当笔者把这些员工的心声反馈给老W之后，老W显得非常诧异：

"开会的时候给团队加油打气，给大家描绘未来美好前景，这不是应该的嘛！以前自己当员工的时候领导就是这么干的，有了目标工作起来才

更有劲嘛！再说工作汇报的时候，他们的思路和我的思路不大一致，不打断他们不是耽误事儿嘛……"

听到这里，笔者不禁失笑："你听他说完再问，不也一样嘛！"

访谈到这里，问题基本上已经梳理明白了。双方其实并没有本质上的矛盾，只是在于工作的具体动作有分歧。但老W总是急于给员工"纠偏"，导致这些95后们感觉自己独立思考的意见没有得到尊重。结果大家从"工作"的分歧转化成了"动机"方面的怀疑，矛盾自然加剧了。

作为95后员工的管理者，如果发现员工的答案和你的设想不一致，不要先入为主地用自己的判断去猜测他们，而要学会倾听他们的想法。他们也许说得不全对，但只要是他经过独立思考得出的结论，必定会有他的道理。大多数时候，双方只是由于思考的出发点不同，并无实质上的矛盾。通过倾听承接、释放掉他们的情绪，才能够帮助我们一起将精力聚焦在"事情"上面。

经过了和笔者的讨论，老W慢慢开始忍住冲动、学习倾听，而这些95后因为已经把自己的不满宣泄出去，又看到了老板主动的改变，也开始展现出与之前不同的状态，团队呈现一派欣欣向荣的景象。

在职场上，愿意"说"自己观点和意见的管理者有很多，但愿意"听"员工的想法和建议的管理者就很少了。比起前辈，新生代员工们更喜欢、也更善于表达自己的观点，展现自己的特质。因此，"倾听"这项能力也就随之变成管理者必备的关键素质之一。

对以前的70后、80后来说，员工在与领导谈话的时候，大多扮演倾听者的角色，接受领导的谆谆教导。但以95后为代表的新生代员工是不吃这一套的，他们拒绝单向的洗脑行为，更希望自由表达意见。如果管理者不会倾听，总想着打断他们的陈述，将自己的思维强加给他们，那就大错特错了。

因此，作为新生代员工的管理者，一定要从过往的经验圈中跳出来，开始接纳和学习"多听少说"的管理习惯。哪怕你认为"这点小事不至于"，也要耐心地听他们表达完自己的观点，再基于他们的意见和建议进行反馈和引导。这样，管理者才能从这段沟通中获得更多有用信息，避免因管理工作的盲目而导致工作结果出现偏差。

懂得听的人才会懂得说。"哪壶不开提哪壶"，背后的原因其实是"不知道哪壶没开"——也就是没听懂。很多人认为，"会听"是一种态度，需要做出改变的仅仅是"端正心态、认真对待"就可以。实际上这个观点是错误的，与其说倾听是一种态度，不如说它是一种能力，需要在平时的工作沟通中着重留心与刻意练习。

92年出生的小S是参加过笔者沟通课的学员，目前在某移动通信企业担任营业厅的经理。在上级看来，她是能力出众、执行到位的好下属；在团队眼里，她是为人谦和、善解人意的好上级；在客户看来，她是春风化雨、热情周到的好员工。而当笔者询问小S"秘诀"时，她给出了一个简单到难以置信的原因："我只是比较擅长做倾听者罢了。"

领导喜欢小S，因为她不同于一些基层员工"接受任务就皱眉，稍加批评就顶嘴"的表现，而是能够专心听完领导分配的任务、要求和标准，再针对目标向领导申请资源。

团队喜欢小S，因为她不像其他喜欢"扮演仙人并指路"的上司，而是能够用心地听自己发发牢骚、抱怨工作，同时，还能在倾听之后分享自己的感受，与员工共情。

客户喜欢小S，因为她不像其他经理，认为客户"就是来找碴儿的"，而是能够耐心地听客户抱怨产品、发泄情绪，再根据客户的实际需求向客户匹配产品和服务。

不但在职场上如鱼得水，小S在自己的婚姻、家庭方面也经营得有声有色，夫妻之间相敬如宾，婆媳关系和和美美。归根结底，很大程度上都依赖于她强大的倾听能力。

倾听这项能力，至少分为四个层次。

1. 盲听

盲听，其实就是我们常说的"左耳进，右耳出"。视而不见，听而不闻，在沟通的过程中常常会陷入无意识的自我表现状态。这种状态其实是拒绝沟通的表现，根本没有把对方发表的观点当回事儿，本质上其实是主观意识上对对方的不尊重。

我们有很多管理者常常会做出这样的错误行为，不允许下属打断自己的话，但是可以随时打断下属的话，转而讨论其他的话题，然后开始滔滔不绝。等到一大段说完后，忽然问对方，你刚才想说啥？这时候对方已经不想说了。

2. 虚听

虚听并不是指虚心地听，而是指只做出倾听的样子，不做出插话等干扰对方的行为，但是心里并没有认真地分析内容，往往充斥的都是"他怎么还没说完"这样的念头。不过，如果表情管理得当，虚听的人竟然还可能带给对方认真倾听的感觉。

可以想象一下虚听的人沟通时常见的表现场景：一边听着对方说话，一边不住地点头；别人说得快一点，他点头的频率就快一点；别人说得慢一点，他点头的频率也慢一点；别人忽然停住不说了，他也忽然愣住，配合深邃的眼神看着对方。别人问他是否有什么疑问，他当然提不出任何有价值的问题，因为他不过是在假装认真地虚听罢了。

3. 自主听

这是许多管理者在与新生代员工对话中常常会陷入的状态。管理者的确在认真听员工讲话的内容，但与此同时，管理者的头脑中也有很多内在对话，对对方的内容有诸多评判。当我们开始有内在对话和评判的时候，会有几种表现：

（1）我们有自己的评判，想要尝试说服他；

（2）我们可能有一些自己的好的经验，特别想把建议给到对方。

这些对话和评判并非完全不对，但如果管理者习惯了这种倾听模式，你的思考重点往往会聚焦在自己身上。而当聚焦点完全在自己身上的时候，你就失掉了对对方的关注与好奇，进而引发坐在你对面的新生代员工的不满。建议管理者学会避免这样的倾听方式，尝试训练最高一层的倾听方法。

4. 全息倾听

作为最高层次的倾听技术，全息倾听有以下要点。

（1）带着好奇心倾听，对坐在你对面的人抱有足够的关注和兴趣。当你表现出好奇的时候，你的表情和动作也会随之变化，这会让倾诉者感到信赖和舒服。

（2）让自己处在更加中正的状态，放下内心对对方评判的冲动。即使有想法，先放在一边，允许对方将自己的观点表达清楚、完整。

（3）适当用肢体语言来表达你在倾听的状态。比如偶尔点头、微笑并使用其他面部表情、保持开放的姿势、提供简短的口头评论等，鼓励发言者继续。

（4）不仅仅听内容，同时也在听变化。要关注对方的语音语调、语速音量、身体姿势、面部表情，等等，并试图在其中探寻到有价值、感兴趣的信息。

（5）不仅要听表面意思，而且要尝试分析背后真实的含义，把对方所传达信息的表层和深层听透。但注意不要中途打断对方，这会使发言者感到挫败，并限制你对该消息的充分理解。

（6）当对方陈述完毕后，将获取到的信息加以总结，再反馈给对方。这个动作会让对方意识到你的认真，同时会让对方把自己想表达的深层意思再次传达给你。

将全息倾听掌握娴熟的管理者，能够通过这项能力感受出对方的能量状态，获取更多对方真实希望表达的意图和想法，进而在长期的关系中支持对方成为他想要成为的人。这是新生代员工们最希望管理者带给自己的价值。

我们再回头来复盘小S的倾听，会发现她一直都在遵照全息倾听的方式：

（1）她对对方展现出足够的好奇和尊重，使得对方愿意对她进行倾诉；

（2）她在倾听中展现出足够的"抽离"，不对对方的观点妄加评判；

（3）她会着力关注对方的肢体语言变化，与对方的感受进行共情；

（4）她能"听话听音"，从杂乱无章的抱怨中获取有效信息，从漫无边际的牢骚中抓住关键问题；

（5）她很擅长归纳总结，确保梳理清楚对方的意图后再展开引导或执行。

因此，很多人表示，说不上为什么，但就是觉得跟小S在一起很舒服。归根结底，还是因为她最高层次的倾听能力。

管理者越善于倾听，越能够创建平等、积极、正面的团队氛围，越能让员工感受到被尊重、被理解并且拥有安全感。而当员工在你的团队中收获了安全感和被尊重感，他才会心甘情愿地为团队奉献自己的时间和才华。因此，管理好新生代员工，先从训练自己的倾听能力开始。

第四节　有效提问，启发新生代思考未来

学习了倾听的能力之后，这一节来讨论提升提问水平的技巧。

作为新生代员工的管理者，如果我们能够通过问出"有力量的问题"来引发新生代员工对问题和困境的深入思考，引导他们找到正确的解决方案，那么新生代们就会对自己提出的解决方案感到更加自豪，并愿意捍卫

和执行这个属于他们自己的决定。

但是笔者在长期的职场观察中发现，管理者们常常会问出一些"错误"的问题。

诸如，问下属：

"为什么你没有达成目标？"

"这项工作你怎么能做成这样？"

"为什么这样做没有效果？"

……

或者问同事：

"这帮95后们为什么就是不积极、不主动？"

"公司为什么总招不来合适的人才？"

"这帮新生代员工怎么老是不听话？"

……

回想一下，类似这样的问题，你是不是也经常问呢？

从管理角度来看，这些问题通通都是"错误的问题"。如果想依靠一些错误的问题而得到正确的答案，自然是南辕北辙，越走越远。这一节，我们来一起分析一下，这些问题错在哪里，以及我们可以做一些什么样的改变，让提问变得更有效果。

首先来想象一个场景：小A是我的下属，连续迟到了三天。前两天我都忍了，第三天他还是迟到，我终于忍无可忍。于是第三天早上我凶巴巴地问他：

"哎！小A！你为什么连续三天上班都迟到？"

请问各位读者，我问的这个问题正常不正常？

答案是，那要看我抱着什么样的目的了。

如果我是以发泄情绪为目的，那当然很正常。连续三天上班迟到就是该骂！

但如果是以解决问题为目的，那这个问题就是值得商榷的"错误的问题"了。

请想一想，小A听到我这个问题之后，他脑子里在想什么？

自然而然的，他脑子里应该立刻开始思考连续三天迟到的原因和理由。

那么，你觉得他会找一个最真实的理由，还是找一个让自己受伤最小的理由？

绝大多数人寻找的肯定是让自己受伤最小的理由，为了避免被责备，甚至还可能隐瞒一些重要的信息。换句话说，管理者提出类似的问题之后，很多时候听到的其实都不是最真实的原因，搞不清楚问题的实质，自然也无从下手推动解决方案。管理学中有个观点，沟通的意义在于对方的回应。在与新生代的交流过程当中，管理者一定要时刻注意站在他们的角度思考问题。所以，如果我换一个问法："哎，小A，我发现你这三天上班都不准时，是不是家里发生了什么事情？需要我给到你什么支撑吗？"

如果你是小A，你更喜欢前者还是后者？

前面的提问方式，我是站在问责的角度去问的；

而后面的提问方式，我是站在支撑的角度上来问的。

大多数人都会更希望管理者用后面那种方式来对自己展开探询吧！

想要得到准确答案的前提是对方对你的问题没有抵触情绪，因此在事情推进的过程中，如果你希望与新生代的交流更顺畅并得到更真实的答案，建议少强调问责，多推动改变。

除了能消除对方的防御感，后面这种提问方式还有第二个好处——推动问题的解决。

想象一下，你眼前摆着一个时间轴，左边代表过去，右边代表未来，而你站在代表现在的中间。

在管理沟通中，我们问的所有问题几乎都可以归纳成两种问题：问过去、问未来。

区分的标准非常简单，你只要思考一下，当你问完问题之后，对方的脑子里是在考虑什么就可以了。

如果你判断他在考虑过去，你的问题就是"问过去"；如果你判断他在考虑未来，你的问题就是"问未来"。见图4-2。

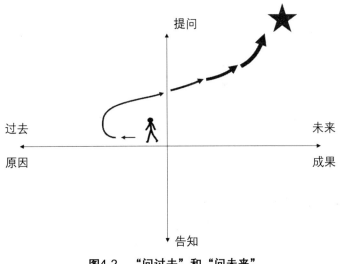

图4-2　"问过去"和"问未来"

我们来还原一下刚才的场景，我问小A："哎！小A！你为什么连续三天上班都迟到？"

这是个典型的"问过去"的问题，小A听完后开始思考过去，做好心理防御后给了我一个伤害最小的答案，但这段问答对接下来小A避免再次迟到几乎没有帮助。

但我换一个问法："哎，小A，我发现你这三天上班都不准时，是不是家里发生了什么事情？需要我给到你什么支撑吗？"

这是个"问未来"的问题，小A听完之后开始计划未来，为了避免再次迟到，需要和公司、领导申请哪些额外的资源。

作为新生代员工的管理者，需要尽早完成思维模式上的转变，没有失败，只有学习；没有问题，只有机会。当你更多思考的是"过去的原因"的时候，你的精力往往聚焦在"问题上"。而当你更多思考的是"未来的动作"的时候，你的精力才会关注在"机会上"。每一次问题的发生，都将它视为发展你和新生代员工之间关系的机会。这个转变的核心，就从"多问未来，少问过去"开始。

现在我们再回头看看本节开头的几个问题：

"为什么你没有达成目标？"

"这项工作你怎么能做成这样？"

"为什么这样做没有效果？"

"这帮95后为什么就是不积极、不主动？"

"公司为什么总招不来合适的人才？"

"这帮新生代员工怎么老是不听话？"

......

首先，这些问题都带着问责的意味，极易引起对方的防御心理；其次，这些问题都是在"问过去"，对于解决问题没有实质上的帮助。

作为管理者，应该学会将这些问题进行更顺畅、更有效的转化。转化的时候应牢记一个标准，当你问这个问题的时候，脑子里是不是在想未来。如果"是"就意味着机会，"不是"就代表着问题。表4-1总结了管理者两种提问模式的差别。

表4-1　管理者两种提问模式的差别

	面向问题的提问	面向机会的提问
对下属	"为什么你没有达成目标？"	"为了达到原定目标，接下来我们可以做些什么？"
	"这项工作你怎么能做成这样？"	"就目前的情况，我们还可以做些什么？"
	"为什么这样做没有效果？"	"我们要做些什么才能使之产生效果呢？"
	……	……
对同事	"这帮95后为什么就是不积极、不主动？"	"我们该如何更好地了解这些95后的特点？"
	"公司为什么总招不来合适的人才？"	"我们该如何对现有人员进行有效的指导与培训？"
	"这帮新生代员工怎么老是不听话？"	"我们该如何与这些新生代们更好地交流和沟通？"
	……	……

看到这里，你可能发现了前后两种提问模式的一个重要的差别：

如果你问的是Why，你的问题基本上都是在关注问题、问过去；

而如果你问的是How或者What，你的问题基本上是在关注解决方案、问未来。

如果新生代员工任务推进得不尽如人意，建议管理者将视角从"关注问题"转向"关注机会"：多问未来，少问过去；多问What（How），少问Why。

值得一提的是，笔者在长期的培训经历中发现了一件事情，很多学员习惯"一招鲜，吃遍天"，学到了一项技巧后不分场合地应用，从一个极端走向了另一个极端。任何工具与方法都是有适用条件的，建议管理者"少问过去"，而非"不问过去"。

任务推进的过程中，管理者要尽量面向未来进行发问。

但当任务结束，结果依然不理想，开始进行复盘以指导未来工作的时候，管理者需要与员工一起针对"过去"的原因展开讨论。在本节的最后，笔者再给各位管理者分享一个向新生代员工提问时需要遵循的观点："问过去"时，少纠结原因，多聚焦差距。

"每逢佳节胖三斤"，春节后的两周是健身房销售的最好时段，是各个健身房必争的黄金期。但某次笔者的健身房团队没有完成既定的销售目标。销售期结束之后，店长组织所有的会籍销售人员做"问过去"式的复盘。请问，作为管理者，店长此时最应该问什么？

没有经验的管理者，往往会将精力聚焦在"原因"上，于是他就得到了许多类似下面的答案：

"疫情反复，整个市场环境不好，影响了会员的收入，大家认为私教太贵。"

"团操课的产品不如竞争对手的新颖，客户吸引力不足。"

"新年的传单发放等宣传手段不到位。"

"新进来的教练比较多，培训不够。"

……

分析原因的时候，每个人都可以说得头头是道。但当复盘结束之后，管理者悲催地发现，原因分析出来了一大堆，但依然不清楚下一步工作如何开展。

《麦肯锡问题分析与解决的技巧》一书中将问题定义为现状与预期之间的差距，有经验的管理者，在分析问题时，会将更多精力聚焦在差距上。

大家认为私教价格太贵，那就调查清楚市面上类似的私教课程的平均价格，以及我们与他们之间的差距；

客户反映产品太过陈旧，那就研究一下市面上受欢迎的课程有哪些，我们和他们的差别到底在哪里；

宣传手段不到位，那就弄清楚，和以往的新年营销比到底差在哪里、差了多少；

新教练培训不够，那就说明白，应该做几次培训，实际做了几次培训，之后怎么样才能把培训补上去……

这就是谈差距的价值，不断地谈差距，我们就会追问出真正的突破点。当我们更重视差距的时候，我们也会获得更清晰的行动计划。尤其会更清楚，接下来要投入哪些资源。我们的管理工作，也自然更有效了。

第五章

与新生代员工沟通的
策略方法

第一节　深层交流，探询新生代价值取向

人与人的沟通有三个层次。

第一个层次，物质层面的沟通，比如大家天天聊的吃喝拉撒睡。

第二个层次，感官层面的沟通，对某件事情的看法、对某项新闻的感受，等等。

第三个层次，价值观层面的问题。比如，"在你看来，一个人获得人生的成功，应该在哪些方面努力""你人生当中最自豪的是什么"，等等。

当新生代员工们在工作中情绪不高、效率低下的时候，管理者就需要

适时介入，和员工谈心、做思想工作。你有没有给新生代员工做过思想工作呢？有几次做通的？可能屈指可数。

管理者与新生代们谈心的效果绝大多数都不太好。曾经还有管理者向笔者抱怨："我还给他做思想工作？我差点让他给我说动了！"

为什么和新生代员工的谈心总是不痛不痒？答案其实很简单。现实工作中，绝大多数管理者最喜欢和新生代们聊物质层面，却很少和员工聊感官层面和价值观层面的话题。而谈心谈的恰恰都是思想层面的问题。为什么部队当中都要有政委？政委承担的就是与战士沟通思想的重要工作。

冰山模型告诉我们，人的价值观会决定他的行为。当你了解对方价值观的时候，你就会对他的行为产生预见性。作为新生代员工的管理者，必须在员工开始职业生涯的初始阶段，就与他建立起有效的沟通模式。一旦度过了初入职场的"蜜月期"之后，再建立这样的机制就很难了。如果员工入职了三个月，忽然跑过来和你说："领导，我想和你聊一下我对自己职业发展方向的想法。"这时你要为你过去这三个月和他的沟通方式鼓掌。怕就怕他们已经出现了不良的苗头之时，拒绝与你沟通，这样你能介入的机会就很小了。

笔者带领的团队基本上都是由95后的新生代们构成的，所以我也十分注意和他们探讨深层次的问题。

每年到了年底，健身房都要组织教练们进行述职（述职的具体方法，详见第二章第四节），再由管理者就述职结果对其进行反馈。笔者也承担着对几个店长的反馈任务。在反馈的过程中，我往往会问一个问题："假如你明天就离开这个团队了，你希望团队中的其他人会怎么评价你？"

这个问题也被大家戏称为像"墓志铭"一样的问题，背后隐含的其实就是在探询他希望在别人眼中成为什么样的人，这是个典型的价值观方面的问题。通过这样的方式去引导他进行更深层次的思考。

那么，有哪些问题适合管理者与新生代员工进行深层次交流呢？在这里分享两种问题的维度。

1. 背景、动机性方面的话题

包括但不限于以下问题：

（1）你在哪里长大？

（2）你小时候喜欢参加什么活动？

（3）你怎样参加这些活动？

（4）你的大学是哪所？你为什么选择这所学校？

（5）你学的什么专业或者曾经接受过什么专业培训？

（6）你为什么选择这个专业或者这项专业培训？

（7）你曾经在哪里工作/实习？

（8）你为什么选择在那里工作/实习？

（9）你接下来5年的目标是什么？10年的呢？

（10）为了实现这个目标，你会采取什么行动？

……

2. 价值观方面的话题

包括但不限于以下问题：

（1）如果可以回到过去，你会改变什么或者在哪些方面会做得不一样？

（2）分享一个你引以为豪的时刻或者成就。

（3）谁对你的生命产生最大的影响？为什么？

（4）分享一个你帮助别人的例子。

（5）什么历史事件对你的生活影响最大？为什么？

（6）你对成功的定义是什么？

（7）你认为当代最伟大的发明是什么？

（8）现在你生活中最重要的承诺是什么？

（9）你从以前的上司/老师身上学到的最有价值的东西是什么？

（10）如果你个人可以在接下来两年里获得任何改进，那将会是什么？

（11）你认为在接下来的几年里，你对成功和快乐的定义会发生什么改变？

……

无论是背景还是价值观，都在传递一个信息：你渴望了解对方。建议管理者时常与新生代员工们就以上这两种问题展开探讨，这能够帮助你们更加深入地了解彼此，管理者也更容易走进新生代们的内心。

第二节　理性授权，促使新生代接受工作

在与新生代员工沟通的过程中，最常见的表达场景是向新生代员工分配工作任务，以及对新生代员工进行工作结果反馈。这一节将讨论在这两

种沟通场景下应该遵循的策略与方法。

设定目标、分配任务是管理者的核心工作之一，也是管理者最常使用的管理动作。有的管理者可能会有些不以为然："不就是提要求嘛，我每天都在干这个！"先别着急，回想一下你以前给新生代员工分配工作任务的经历，并回答几个简单的问题，以此来评判一下你给他们分配任务的能力：

（1）每次你给他们分配工作任务后，他们是否认同这件任务的意义？

（2）每次你给他们分配工作任务后，他们是否能立刻投入工作？

（3）每次你给他们分配工作任务后，他们最后交付的成果是否符合你的期望？

如果这些问题的答案是"否"，那你确实应该仔细地读一下这节的内容了。

先从一个案例引入。

经理准备给员工小H分配一项工作任务，让他去组织发起一场跨部门的会议，于是便发生了以下的对话。

经理："小H，你去组织发起一个会议，让市场部、销售部、工程部的负责人都来参加，讨论一下总部通报批评的问题。"

小H："经理，什么通报批评？"

经理："就是上次集团公司总部来咱们公司检查之后通报的问题改进啊！你去找几个部门的负责人沟通一下，协调一个会议时间，越快越好！"

小H："经理，我才来了半年，这几个部门的负责人我都不认识啊！

再说我还正在做您昨天给我布置的任务呢……"

经理："手头的活儿先放一放！总部的通报更重要！不认识没关系啊，正好趁着这个机会认识一下嘛。协调好时间后赶紧定会议室、发通知！"

小H："好吧……"

读到这里，你觉得小H现在什么心情？我估计肯定很糟糕。这个任务看似简单，但对小H来说，其实有很大的难度，我们来设想一下小H的"心路历程"：

（1）手头堆着很多工作，还得先去干组织会议这种"没有技术含量"的活儿；

（2）哪个领导都不认识，还得硬着头皮去"拜码头"；

（3）领导们的时间可能很难协调，王总有空李总忙，李总有空可能张总又出差了；

（4）领导们参与会议的意愿可能不高，不愿意花费这个精力，就很可能推三阻四……

一想到这些困难，小H就变得非常不情愿。不但如此，这种不情愿还会在执行任务的过程中进一步强化，一旦真的遇到了设想中的困难和阻碍，小H就会感觉非常挫败，甚至消极对待，最后导致这场会议迟迟组织不起来。

站在旁观者的角度，我们来复盘一下这段沟通场景。使用本节开始时的三个问题来衡量一下：

（1）小H并不认同"组织会议"这件任务的意义；

（2）小H不愿意立刻开始执行这项工作；

（3）可想而知，小H最后交付的成果可能很难令人满意。

那么，应该如何向这些新生代员工分配工作呢？我们先来做一个小测试。

各位读者，请你暂时先放下手中的书，站起来活动活动筋骨——请你走到一楼的大堂中央，不借助任何工具，原地起跳，摸一下大堂的天花板。

有人跳吗？估计没有。不但没有，有人心里可能还在嘀咕："神经病！"

为什么没人跳？那是因为大家没有"原地起跳摸到天花板"的意愿。

那么，增加一个条件：如果你能原地起跳摸到大堂的天花板，录一个小视频发给我，国铮老师给你发一个10元的红包。怎么样？

嫌少？那就100元！

有人跳吗？估计还是没有。

我提出10元红包，实际上就是给你找了一个做这件事情的动机。如果你还是不做，我就继续提高筹码，直到你非常想要得到这个筹码为止。我们常说重赏之下必有勇夫，这就是意愿的作用。

但即使我加码到100元，很多人还是不跳。为什么？

那是因为大堂实在是太高了，大多数人都没有"原地起跳摸到天花板"的"能力"。

那么，如果我再加一个条件：你可以使用各种工具和资源——找桌子、找凳子、找梯子、找人抱你……只要摸到天花板，我就给你100元！

这回，估计会有很多人跃跃欲试了。

回顾上面这个测试，我们得出一个结论，在向新生代员工分配任务的时候，可以遵循分配任务的沟通公式：

员工表现 = 意愿 + 能力 + 资源

这个公式就像我们上学时候考试的"采分点"一样，下次你再给员工分配任务的时候，先提前思考一下，你的话术中：

（1）是否表明了工作的意义以鼓舞他的意愿？

（2）是否有提供相应的辅导以提升他的能力？

（3）是否有匹配适当的资源以保障他的执行？

如果这三个问题的答案都是"是"，员工的表现就不会差。

我们进一步剖析一下，提升能力与匹配资源一般都在管理者的职权范围内，但鼓舞意愿对于很多管理者就不那么容易了。关于这一点，我们会在第四模块"打造能量引擎"中做具体的探讨，本节先简要分享一个简单但实用的沟通模型——黄金思维圈（图5-1）。

黄金思维圈由微软公司的领导力教练西蒙·斯涅克在TED的演讲中提出，将这个模型解释如下。

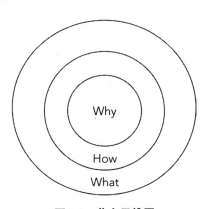

图5-1　黄金思维圈

我们在沟通中的表达可以化成三个同心圆，从里到外分别代表Why、How、What。在任务分配的场景下，这三个英文词代表的含义是：

Why——为什么这件事很重要？为什么这件事对你有价值？

How——基于Why，我们该怎么去思考和行动？

What——基于How，我们具体要做什么事？要做到什么程度？

回想一下，在平时的沟通中，你是不是很习惯"从外向内说"——先说What，再说How，很少说Why。这个顺序很符合管理者的思维习惯，因为What是最显而易见的。所以大多数管理者都在授权中着重强调了很多事项、说了很多标准、讲了很多动作。

但是斯涅克经过大量的观察后发现，有经验的管理者们在授权工作、分配任务的时候，表达顺序正好相反——先说Why，再说How，最后说What。

为什么要采用这种顺序呢？斯涅克认为，要让员工心甘情愿地接受工作任务，首先应当向他阐明这项任务的意义和价值，只有当他认同了该任务的意义和价值之后，才会产生做这项工作的意愿，进而才会产生执行任务的动作。

因此，作为新生代员工的管理者，你可以尝试在沟通中遵循黄金思维圈模式，把这三层意思都沟通到位。当然，你也可以同时结合之前的"授权沟通公式"来布置任务。

下面使用本节所讲的方法来给案例中的小H布置工作任务。

"小H，上周集团公司总部来咱们公司检查之后通报了一些问题，对这些问题做整改很重要，但更重要的是可以借这个机会优化我们自己的内

部管理流程，这对公司未来的管理意义重大。（首先阐明任务的价值和意义，也就是Why）

"但具体要如何进行优化，这个需要借助大家的智慧、听取各部门的意见，因此我们需要发起一场跨部门的讨论会议。（接着说明实现任务价值的方法，也就是How）

"组织这个会议的沟通量不小，需要组织者有较强的执行力和耐心。我思来想去，觉得你最合适，所以我想让你试试。一方面可以锻炼一下你跨部门沟通的能力，另一方面你也可以借这个机会去认识一下各部门的负责人。你看怎么样？（提振对方的意愿）

"需要的话，我会提前给这几个负责人打个电话，简要说明一下情况，然后你以我的名义去详细地沟通协调一下。（调配相关的资源）

"争取本周内把会议开起来。市场部、营销部、工程部的负责人一定要出席，部门相关的骨干员工也尽量参加。"（最后说明具体的工作要求，也就是What）

经理按照这样的模式去沟通，小H就会感受到管理者的认可和培养，也就会更愿意认真、负责地完成这个任务。

你可能觉得这套话术太过烦琐和复杂，但"磨刀不误砍柴工"。当你熟练掌握了这套授权话术之后，会发现与新生代们沟通的效率和效果都会得到极大的提升。

总结一下本节的主要内容，在对新生代员工分配工作任务时：

（1）沟通中考虑到对方的"意愿""能力""资源"，对方对于任务的接受程度会大幅上升；

（2）沟通中要注意"黄金思维圈"，先说Why，再说How，最后说What。

第三节　感性反馈，推动新生代改良成果

在给新生代员工分配任务之后，管理者还需要对他们工作任务执行的情况进行持续不断的跟踪与关注。如果进展顺利，需要对他表达鼓励与认可（激励员工的观点与方法将在第四模块中讨论）；如果进度不够理想，也需要尽早进行干预与支持。这就涉及另一个与新生代员工沟通中的常见场景：工作反馈。

对新生代员工进行工作反馈，尤其是工作结果不太好的改善型反馈，是令很多管理者颇为头疼的问题，结合第一章对新生代员工们的"画像"，可以总结出他们在工作反馈中展现出来的以下特点。

首先，趋利避害是人们的本性，面对改善型反馈，人们普遍的第一反应是否定。而由于新生代员工们较高的自我认知和较强的自尊感受，这种否定会变得更为强烈。

其次，归因于外是人们的习惯，面对改善型反馈，人们很可能给自己找很多外部客观因素。新生代们能找到的客观因素更是多到眼花缭乱，这在一定程度上可能阻碍对真实原因的改善。

最后，新生代员工们崇尚直接、漠视权威。不恰当的反馈方式极易引起对方的"反攻"，抓住某些字眼直接回怼，甚至升级成一场吵架。

曾经有个团队主管苦笑着和笔者抱怨："每到给他们做反馈的日子，我都神经紧绷、小心翼翼的。"

那么，如何与新生代进行行之有效的反馈沟通呢？

从一个"经理向95后员工小H做工作反馈"的场景案例说起。

经理："小H，市场部和我投诉了，咱们团队提交的报表有好几个错误！你怎么回事儿？填对个数字能有多困难？你怎么总是这样子啊……"

小H："这也不是我的责任啊！我都是按照各个销售组提交的单据汇总的。但是有些销售组单据上的数字写得潦草，我实在看不清楚……"

经理：（打断）"不要总找外部理由！你就是太粗心了！"

小H：……

可想而知，当这段工作反馈结束之后，二人的心情都不好，并且也没有对以后的结果改善起到任何的推进作用。

笔者在过往的咨询项目中，观察了数十个类似上文的沟通场景，经过分析后归纳出了失败的反馈所共有的特征：

（1）评价或者批判性的语言很多，比如"你总是""你老是""你就"这类观点性的语言；

（2）随着情绪的发展，双方声音变得越来越大，语速变得越来越快；

（3）双方都会变得比较不容易倾听，进入"盲听"的状态。

如果管理者经常用这种方式来对新生代员工进行工作反馈的话，大概会得到以下两种反应：

（1）出现情绪二元对立，非黑即白："我就这样，爱咋咋地！"

（2）立即退出沟通。对方不想理你了，或者不想再和你讨论。

无论出现哪种反应，工作反馈都会变得极难推进。

第一章中分享过，新生代员工对于"感受"特别重视。因此，管理者可以尝试转换角度，将"你总是"换成"我感觉"，尝试着表达自己的感觉和经验，陈述事情产生的影响，提供必要的条件和支持，不加伤害地促使对方进行改变。这种方法可以概括为**"事实＋感受＋影响＋支持"**。

我们尝试用这种转换角度的方法来调整一下刚才的工作反馈。

经理："小H，市场部和我投诉了，咱们团队提交的报表有好几个错误。（描述事实）

"他跟我说的时候，我觉得有点尴尬。（描述感受）

"统计和分析报表是人家部门的核心工作之一，数字不准确势必影响他们市场决策的正确性，也会质疑我们的能力。（指出影响）

"同时我也有些疑惑，我想知道发生了什么事情？需要我给到你什么支撑吗？"（提供支持）

坦诚表明自己的想法与感受，不要传递对对方的质疑和指责。当然，基于反馈结果的不同，整个沟通过程中，对方也未必能够完全放下防御心理，但这种沟通方式可以让管理者在不激起对方进一步反击的前提下，推进对话。

对话进行到这里，对方可能开始寻找外部的客观因素了。一如前文的案例场景中，小H将数字错误归咎为销售组提交的单据字迹潦草。作为管理者，需要敏锐地识别到，对话进行到这里，已经进入了一个"关键时刻"。对方未必也真的认为那是真实原因，他只是找了一个可能的借口。而你的目的不是拆穿这个借口，而是为了解决现有问题以及预防未来问题重现。因此，你要尽量控制住对他的评判欲，否则很容易再一次激发对方的防御心理，从而引发"二元对立或退出对话"的结果。

这里，建议使用"乒乓对话"来对员工进行引导。

第一步：接话——匹配对方的情绪。不要着急反驳或者说教。

第二步：说话——切换焦点到事实。等到对方情绪比较平静之后，再将焦点切换到事实和对对方的影响上，把对方带到更高的思维层次或者不同的思维视角。

第三步：推话——征求对方的意见。通过本章第一节的提问方式来引导对方思考下一步行动。

我们用"乒乓对话"模式来重构一下刚才场景中的对话：

小H："这也不是我的责任啊！我都是按照各个销售组提交上来的单据汇总的。但是有些销售组单据上的数字写得潦草，我实在看不清楚……"

经理："的确，销售组他们天天跑业务，有些时候填写单据确实比较匆忙和潦草。（第一步，接话）

"市场部只和我们对接，所以他们也只会通过报表来评价我们的工作。你都那么用心搜集单据、整理报表了，肯定也希望有配得上努力的工作结果对吧？（第二步，说话）

"这样吧，咱俩一起想一下，我们可以做点什么能够避免下次出现类似的问题。"（第三步，推话）

通过这样的"乒乓对话"，自然地进入"问未来"的提问模式，帮助小H将精力聚焦在接下来如何改进上。

总结一下本节的主要内容，在对新生代员工进行反馈，尤其是结果不太好的改善型反馈时，从以下三步入手。

（1）从"你怎么……"句型转化为"我感觉……"句型，分享自身感受，卸下对方防备。

（2）用"事实＋感受＋影响＋支持"的公式来反馈工作结果，改善工作质量。

（3）善用"乒乓对话"，匹配对方情绪，进而引导对方思考问题解决方法。

第四节　就事论事，不与新生代争辩情绪

上一节介绍了"乒乓对话"，先将员工的情绪"接"下来，再引导对方将精力聚焦在事情上。这其实就是我们在沟通中常常倡导的"就事论事""对事不对人"。但遗憾的是，这道理大多数管理者都知道，但在实际工作场景中与新生代员工沟通的时候，往往会不自觉地忽略掉这条原则，所谓"说就天下无敌，做就无能为力"。这一节，我们分享几个可以对照着操作的方法和技术，来帮管理者更好地应对沟通场景。

场景一： 经理带着员工小A参加了公司的一场重要会议，会议结束后的第二天，经理准备让小A整理一下会议纪要，以思考如何推进下一步工作。

没想到，还没等经理开口，小A已经将整理好的条理清晰、逻辑完整

的会议纪要打印、装订好放到了经理的办公桌上。经理非常高兴,拍着小A的肩膀夸道:"小伙子真棒!加油,我看好你哦!"

场景二: 经理准备明天带着员工小B去拜访一个重要客户,经理非常珍视这个拜访机会,于是叮嘱小B道:"这个客户很重要,这次商务拜访对咱们团队这个季度的业绩表现有非常大的影响,所以你明天一定要穿得正式一点儿!"

第二天,小B果然穿得很正式:西装、西裤、衬衫、皮鞋……但却漏了一点,他没扎领带。经理非常生气,责备小B道:"我昨天不是特地叮嘱你尽可能正式一点儿嘛!你这人就是这样,从来不把领导的话放在心上!"

这两个场景是不是都似曾相识?看似稀松平常的场景背后,其实都隐藏着未爆发的风险和隐患。

场景一的后续: 小A得到表扬后很开心,因为他得到了一个评价:"小伙子真棒!"但是人无完人,小A可能会在某些时候不小心搞砸某个任务,这时候你会怎么责备他?

按照往常的习惯,经理可能会指着他的鼻子骂道:"你怎么这么不小心?不堪大用!"于是小A就陷入了自我否定:"领导到底是看好我,还是不看好我啊?"

场景二的后续: 小B听完经理的责备非常委屈:"这件衣服是我女朋友买给我的高档西服,我一共就舍得穿两次,一次是订婚,一次是今天!我怎么就'不把领导的话放在心上了?'"

为了避免在实际工作中与新生代员工们引发类似的矛盾,管理者需要遵循两条非常重要的法则。

法则一：可以聚焦行为，不要依赖印象。

经理对小A的赞扬重点应该是"主动做好会议纪要"的这个行为上，但是他却将赞扬的重点放在了"小伙子真棒"这个"印象"（或者叫"评价"）上。这个评价在短时间内没有问题，但是随着时间的推移，人们会慢慢淡忘当时引起印象的那个行为，但是这个印象却能在潜意识里保留很久。可是，缺失了行为印证的印象就已经是不准确的印象了，我们一般习惯把这样的现象叫作"打标签"。而新生代员工们是最反感被贴标签的群体。

法则二：可以争论利弊，不要质疑立场。

经理和小B的沟通重点应该在于对"正式的服装"的认知标准这件事情上，只要讨论的是事情，一定能够往下推进。但如果沟通的重心放到了质疑立场上——"你从来不把领导的话放在心上"，事情就立刻陷入了推诿和扯皮了。

举个更通俗的例子，夫妻双方吵架，只要吵的是"事情"，怎么都能吵，无非是争辩利弊对错罢了。那为什么很多夫妻吵架最后不欢而散呢，因为这吵架的话题非常容易从"事情谁对谁错"转换到"你到底爱不爱我"。话题的重心一旦到了立场上，当然就扯不清楚了。

基于此，建议下次再去表扬/批评新生代员工的时候，不妨参考下面的沟通方法。

方法一：描述对方行为＋分享自我感受＋给予对方评价。

例如，可以这样表扬小A：

"今天我带你参加这个重要会议，你还没等我分配任务就主动整理好了翔实、完整的会议纪要。（描述对方行为）

"我真的觉得很满意！（分享自我感受）

"小伙子真棒，继续努力，我看好你啊！"（给予对方评价）

批评也可以采用类似的方法：

"今天我带你参加这个重要会议，你不但不在会议上认真做记录，还频繁进出会议室接打电话，干扰会议进程！（描述对方行为）

"作为你的领导，我真的觉得很丢人！（分享自我感受）

"你太不懂事了，你要学着职业化一些！"（给予对方评价）

通过这样的方法，帮助对方建立一个逻辑——做出什么样的行为，能够引发出什么样的评价。这个沟通逻辑会更好地帮助新生代们更加明确自身的优势与不足。

方法二： 如果你对新生代员工提出要求，希望获取他们的支持，不妨尝试使用这样的沟通方法，描述客观事实＋分享主观感受＋提出宏观需求＋指出具体要求。

这个方法需要注意一个常见的误区，与新生代员工沟通的场景中，我们由于常常带着主观的情绪，而错误地把"客观发生的事实"夸大成为"主观编造的故事"，对方就很容易否定掉你的"故事"里的不合理的点，进而否定掉你的请求。

"小C，这一周你天天迟到，天天迟到！太不像话了，咱们真的要谈一谈了！"

管理者的这句话就犯了上述的典型错误，小C可能一句话就怼回来：

"什么叫我天天迟到啊？我昨天准时到的啊！"

正确的说法应该是："小C，这一周五个工作日，你有三个工作日都是九点半之后才到的办公室。（描述客观事实）

"作为你的老大，我觉得挺丢人的，你让我怎么和其他准时上班的同事交代啊！（分享主观感受）

"我希望我们的同事都能按照公司的规章制度，准时出现在办公室。（提出宏观需求）

"所以我希望你能从下周起，每天早上提早出门45分钟，九点钟之前到达办公室。如果确实可能会迟到，先提前在群里面发个消息、请个假、说明一下缘由，也让我和其他同事好交代一些。"（指出具体要求）

以上介绍了与新生代员工"就事论事"的两个观点和两个方法，将本节的主要内容总结如下。

观点一：可以聚焦行为，不要依赖印象。

观点二：可以争论利弊，不要质疑立场。

方法一：表扬/批评新生代员工：描述对方行为＋分享自我感受＋给予对方评价。

方法二：对新生代员工提出要求：描述客观事实＋分享主观感受＋提出宏观需求＋指出具体要求。

与新生代员工们的沟通，讲究的是方式、方法，只要方式、方法对了，沟通并不难。作为管理者，在沟通的时候尽量减少个人感情以及主观情绪，而是侧重于"就事论事"，才能让管理更加自如，让员工更加信服。

模块四　打造能量引擎

以95后为代表的新生代员工初登职业舞台时，恰逢中国数字化技术与移动互联网商业模式井喷式发展的关键时段，瞬息万变的市场催生了企业对优秀人才愈演愈烈的渴求，人力资源全面进入人才主权时代。人才具有更多的就业选择权与对工作的自主决定权，拥有十足的底气和勇气。这种趋势有两个典型的表现。

（1）素质越高、越稀缺、越热门的新生代人才将获得更多的工作机会和更好的报酬。

正如美国思科（CISCO）总裁约翰·钱伯斯所言："与其说我们是在并购企业，不如说我们是在并购人才。"

（2）拥有独特人才资源优势的团队越容易吸纳和留住一流人才。

人才是揣着能力的"选票"来选企业的，实力超群的组织和团队自然有可能获得更高的选票，成为市场领先者。

这种趋势对新生代员工的管理者们提出了新的挑战，如果还在使用传统的激励手段对他们进行管理，就很容易出现以下两个问题。

（1）企业一味通过高薪留住、吸纳人才，造成人才价值与价格剥离。

（2）人才流动成为人才价值增值的重要甚至唯一途径，直接导致人才跳槽频繁，流动风险增大。

为了避免陷入这样的恶性循环，管理者需要掌握更多有效激励新生代员工的技巧，以激发他们潜在的巨大能量。本模块的第六章会分享有效激励的一些基本理念，以及这些理念在新生代员工身上的具体实现；本模块的第七章会重点介绍一些"非物质激励"的案例和工具，以帮助管理者降低激励成本，提升激励效果。

第六章

激励新生代员工的 基本理念

第一节 双管齐下，物质精神两手都要硬

工欲善其事，必先利其器。仅凭单一的激励手段，已经不足以充分激发新生代的工作热情，管理者需要了解更多方面的激励因素。

管理学中关于激励的研究成果非常丰富，如马斯洛的需求层次理论、赫茨伯格的双因素理论、亚当斯的公平理论等。我们将其简化，分成物质激励与精神激励两个模块。

物质激励是最常见、最直接的针对外动机的激励手段，包括工资、奖金、保险等企业给予员工劳动的回报。员工为公司带来利润，公司将不同

形式的物质奖励给员工，进而激发员工的工作热情。在各类调研报告中，物质激励始终被员工视为最重要的激励方式。

精神激励，也就是无形的、针对精神方面的内动机的激励手段，比如向员工授权，对他们工作绩效的认可，提供学习和发展的平台，制订灵活的工作时间制度以及适合个人发展的职业生涯规划等，近些年被越来越多的企业和团队所重视。

满足以物质激励作为基础的外动机是激励中不可缺少的一种手段。但针对外动机对新生代员工进行激励也存在着难以规避的弊端。一旦选择物质激励，必须依靠持续的、不断升级的物质激励来维持，导致奖励的阈值不断上升。一旦物质激励无法满足员工的需求，其激励效果就会大打折扣。且当公司形成一种物质氛围的时候，大家都会热衷于互相攀比，进而带来新的问题。

管理课上有一个著名的故事，将物质激励的弊端展现得淋漓尽致。

从前有个老头儿，安静地居住在一个院落里，可总有一群附近的小孩来骚扰他。他们搞恶作剧，往老头儿的院子里扔石头，惹得老头儿发怒，然后一窝蜂地跑掉，第二天再来扔石头，乐此不疲。

就这样过了很久。老头觉得再凶巴巴地发火也是没用，就另想了一个办法。院子里又一次下过"石头雨"后，老头儿和颜悦色地出现在孩子们面前，说："欢迎你们来玩，从今天起，我会给每个扔石头的孩子十块钱。但希望你们每天都能坚持来扔石头，上午来扔三小时，下午来扔三小时。"小孩们一听都高兴极了："被扔石头不但不骂人，还要给我们钱？真是太好了！"于是第二天小孩们来到老头家兴高采烈地扔了六个小时，每人又得到十块钱。

第三天就不一样了，孩子们扔完石头后，老头只给了每人五块钱。孩子们不太高兴，但是硬着头皮继续扔石头。

又过了两天更少了，老头儿只给每个孩子两块钱，孩子们对待遇的降低都不满意，石头也不好好扔了。

接下来老头儿更过分了，连屋都不出，一分钱不给。孩子们纷纷抱怨："我们辛辛苦苦地每天来扔石头，他还不给钱，不扔了！"

困扰老头儿已久的问题就此解除。

孩子们最初扔石头没有钱拿，最后扔石头也没有钱拿，可是为什么最初兴高采烈，最后却兴致索然呢？

之前，孩子们坚持来搞恶作剧，是在满足恶作剧产生的快乐所引起的内动机——Play for Fun（娱乐）。奖励来自扔石头这件事，玩得开心本身就是对他们最好的奖励，他们从中获得了极大的乐趣。

而老头儿通过引入物质激励的变量，成功地将孩子们的内动机转化为外动机——Work for Money（为钱工作）。奖励来自扔石头这件事的外部激励，由兴趣变成了赚钱。一旦收入减少，动机也立刻减弱。

实际上，现实生活当中的我们，也经常在做着和故事中的老头儿一模一样的事情。有很多家长在激励孩子努力学习的时候，都有一个常用的方法："儿子，如果这次你考到班级前三名，我就给你买一个iPad（平板电脑）！"

儿子果然考到了前三名，你也依约送给他一个iPad作奖励，皆大欢喜。

你认为这是一个稀松平常的管理手段，可是你有没有想过，下次再考试之前，儿子会不会凑到你的身边问："老爸，如果这次我又考到了前三名，你要给我买点什么呀？"

孩子努力学习的目标是为了掌握知识、收获成长这样的内动机，而家长通过引入一个iPad，成功地将他的目标转成了关注外动机。一旦物质激励低于预期，对方的投入和效果立刻明显下降，进而对结果产生负面影响……最终形成恶性循环。

物质激励作为驱动员工投入工作的基础，当然是必不可少的，但如果管理者只单纯地依赖物质激励，必然产生如上恶果。因此，管理者需要在提供物质激励的同时，为新生代员工同步匹配符合他们诉求的精神激励。两手抓，两手都要硬。

目前有一个广泛传播的观点：新生代员工们根本不在乎钱。这些人从小衣食无忧，对钱几乎没有概念。且由于计划生育政策，他们几乎都是独生子女，是家里财产的唯一继承人，所以他们不在乎钱。甚至有些专业人士也支持这样的结论，他们的依据是需要动机理论，认为人们不会去追求已经拥有的东西。

笔者曾经在课堂上分享过关于新生代们对于"胡萝卜"（奖励）的认知变化的思考，引起了非常广泛的共鸣，课间有很多学员跑到讲台上向我倒苦水：

"对！人家家里就是不差钱，根本指使不动……"

"我那儿有个新人天天开路虎上班，那点加班奖金还不够加油的钱……"

"我说让他去努力加薪，人家说了，父母一套房、爷爷奶奶一套房、外公外婆一套房。卖一套房至少够生活二十年，早就算好账了……"

这些观点本身没有问题，但时至今日，新生代员工们与我们对薪酬意义的理解出现了不同：以钱为代表的物质激励并不仅仅是购买来的那些物质，更重要的意义在于，它也是衡量工作价值的综合体现之一。高的薪酬不但代表着更高的购买力，更代表着组织对于他们工作成果的肯定。新生代们并不是不在乎钱，他们只是不只在乎钱，同样在乎钱背后代表的对个人价值的认可。

相对于外动机的物质激励，精神激励具有非报酬式、低成本手段、高效能动力激发等优势，能够从单纯的物质奖励的循环中跳脱出来，另辟一条途径。通过精神激励激发员工干劲，凝聚团队合力，在降低新生代员工流失率的同时，保证员工的劳动效率。

实际上，关于物质激励与精神激励孰轻孰重，新生代们也有非常深入的讨论。笔者搜集了网络上讨论的类似话题，摘录一二。

观点一：精神激励能当饭吃吗？当然是物质激励更重要。

@山三桑：物质激励，广义上也是精神激励的一种，试问拿到奖金谁不开心？这是对自己工作的肯定。开心之后肯定默默告诉自己，要好好干，这样才能拿更多奖金，这样不就同步实现精神激励了吗？

@巴巴拉小魔仙：物质激励是可量化的，俗话说一分耕耘一分收获，工作做得好不好，在物质激励上体现得淋漓尽致。反观精神激励，带有一种模棱两可的感觉，难以量化。

@crawler："衣食足而知荣辱，仓廪实而知礼节"，古人已经告诉我们哪个在先哪个在后了。同理，马斯洛的需求理论也表明，精神类的需求是在满足物质需求之后才出现的。

……

观点二：物质激励要靠源源不断的奖励来维持，还是精神激励更重要。

@ChimChim：物质激励的导向是偏离的，把物质激励变成强心剂容易使行为变为以获得奖励为目的，客观上阻碍了行为的养成。就好比为了鼓励孩子学习，承诺成绩好的话就买玩具，长此以往，在孩子的观念里，是为了得到玩具而学习，殊不知学习其实是为了自己。工作也同样，物质激励的结果是导致员工为了金钱而工作，而忽略了把工作做好是本分。

@悠悠我心：相比物质激励，精神激励的效果更为持久。依靠物质激励，总有一天人们会对物质失去感觉，时间越久，效果也会大打折扣。而精神激励则不然，一个团结合作、彼此认同的团队，才能在物质激励不能覆盖到位的情况下留住员工，其功效是一般物质激励难以替代的。

@阿飞：阿里巴巴在创业之初，"十八罗汉"每个月只能拿500元的工资，但是他们依然选择留下，因为他们看到的是一个未来的电商世界；松下幸之助在年轻时已经做到了事少钱多的检查员岗位，按说是比较满足了，可是他在这个岗位没做多久，反而决定辞职创业，因为他说这份工作并没有使他获得成就感，可见精神激励更胜一筹。

……

这种争论反映了新生代员工看待激励的观点的变化趋势，激励员工工作的动机在发生转变。被誉为"全球50位最具影响力的思想家之一"的丹尼·平克在经过了大量的观察后，在其著作《驱动力》中分享了一个核心的结论：工作的驱动力已经从2.0时代走向3.0时代。

2.0时代的驱动力，可以用"胡萝卜＋大棒"这样的"外动机"来比喻。人们努力工作是为了得到胡萝卜的奖励或者避免大棒的惩罚，这种奖惩来自工作之外。

3.0时代的驱动力，则主要来自人们追求的"内动机"。人们工作的主要动机正在转向工作方式的匹配、工作带来的成就感和价值感等，这种动机来自工作本身。

精神激励和物质激励紧密联系、相辅相成，两者缺一不可。精神激励需要借助一定的物质载体，而物质激励则必须包含一定的思想内容，只有二者结合，才能达到事半功倍的效果。

管理中没有放之四海而皆准的通用法则，一切的管理手段只有三个字：看情况。说到底，物质激励和精神激励、外动机与内动机，到底谁主谁辅，还是要看团队实际状况，从而有针对性地施加激励手段。

第二节　有的放矢，精准契合新生代动机

"画饼"这个词，最早出现在"画饼充饥"这个寓言故事当中，可是近年来，这个词似乎已经成为了评判老板的标准之一。有人更是将"画饼—做饼—分饼"称为管理者必修的三门基本功课。其中，"做饼"和"分饼"的能力可能各有不同，但"画饼"的动作几乎人人都做过——"谁还不会吹牛嘛！"

差别在于，有的人将吹过的牛——实现了，但更多领导画的饼还是镜中花、水中月。

对于70后来说，"画饼"是应该的甚至是必要的，崇信权威的他们需要领导指出前进方向、描绘美好愿景。

对于80后来说，"画饼"是正常的也是能够理解的，重视利益的他们更关注"做饼"和"分饼"的环节。

但对于90后和95后而言，"画饼"是不必要的更是令人反感的。他们是无比重视自我的一代，更信任自己的感觉而非老板描绘的愿景。作为互联网时代的"原住民"，他们深谙各种"画饼"的套路，进而产生"看破一切"的抽离与抗拒。

实际上，一切对还没实现的美好未来的描述，都可以称为"画饼"。从这个角度来说，"画饼"其实是一个非常正常的管理动作。可是为什么95后会如此反感甚至抗拒呢？笔者访谈了数十位新生代员工，归纳出两个最常见的原因。

1. 画的大饼我不爱吃

新生代员工们抗拒"画饼"的首要原因，是因为领导画的饼不合他们的胃口。

为什么70后、80后对老板画的饼接纳度比较高？未必是他们"不聪明、好忽悠"，更大的可能是，领导画的饼和他们的需求正好契合。换言之，领导画的饼，很精准。

传统老板画的饼，一般都是"升职、加薪、娶到白富美，走上人生巅峰……"，确保收入丰厚、工作稳定，企业发大财，大家奔小康。这和第一章中为70后、80后描述的画像契合度极高。大家都想走出贫穷，所以分外珍惜赚钱的机会，自然希望和老板一起努力干。

而对于以95后为代表的新生代员工来说，他们不是不在乎钱，但也不是只在乎钱。他们较少体验缺钱的恐惧感，对于赚钱的认知自然也不如前几代那么迫切。但很多领导画的饼，还停留在以前"诱之以利"的阶段，无法触达新生代内心深处，效果自然大打折扣。

钱钟书在《围城》中有过一段精彩的描写："西洋赶驴子的人，每逢驴子不肯走，鞭子没有用，就把一串胡萝卜挂在驴子眼睛之前、唇吻之上。这笨驴子以为走前一步，萝卜就能到嘴，于是一步再一步继续向前，嘴愈要咬，脚愈会赶，不知不觉中又走了一站。那时候它是否吃得到这串萝卜，得看驴夫的高兴。一切机关里，上司驾驭下属，全用这种技巧。"

这招之所以有用，是因为胡萝卜的确是驴想吃的，如果赶驴人挂了一块石头在驴子眼睛之前，这驴子是万万不会有向前的动力的。

2. 说好的饼我没分到

新生代员工们抵触"画饼"的另一个重要原因，是拼命做好了饼之后却没有分到应得的。

也有一些"聪明"的老板，从"组织栽培、个人成长"的角度给新生代们画饼，要求他们以更高的标准、更多的付出来要求自己。我们在上一章也讨论过，新生代员工们并不抗拒个人发展所必经的辛苦，但他们需要看到真实、可见的成长回报。如果老板久久不能兑现承诺，他们就会产生怀疑，不确定这是真的看中了自己想要好好栽培，还是仅仅为了把自己当廉价劳动力来忽悠。一来二去之后，"画饼"自然失去了效用，同时失去的，还有领导在新生代们心中的信任感。如今，95后如此厌恶"画饼"，与一些不愿意兑现诺言的企业老板、一些依靠口头承诺而不是制度来管理公司的领导大有关系。

作为新生代员工的管理者，要深刻地反思一下，自己是不是也是只善于"画饼"、不善于"分饼"的领导呢？

通过上面的分享，我们认识到新生代员工们对"画饼"的抗拒，但是指明方向、描绘蓝图又是不可缺少的管理动作。那么，如何让"画饼"的动作更有效果呢？解铃还须系铃人，破除"画饼"的魔咒，当然要从这些新生代员工们重点抱怨的两个方面入手。

1. 因人而异个性设计——解决"画的大饼我不爱吃"的问题

前文说过，传统的"画饼"对70后、80后有用，乃是因为契合了他们的需求。而对新生代员工失去效果，是因为他们"口味变了"。为了解决这个问题，首先来分享一个探知员工"口味"的管理工具——工作动机表（表6-1）。

表6-1　工作动机表

排序	动机	内容描述	问题
	独立自主	能依照自己的意愿自由地从事各项业务活动，且没有上司的监督……有机会自己做老板	◎您是否曾感觉在工作上受到种种束缚？ ◎您是否感觉自己突破过工作的规则与官僚作风？ ◎您是否经常与上司意见不合？
	表扬	因表现优异而得到实质奖励，像在公开场合或演讲会中接受表扬	◎"成为赢家"对您有多重要？ ◎别人受到表扬时，您有何感受？ ◎您能不能靠自己的方法赢得奖赏？

续表

排序	动机	内容描述	问题
	成就感	成功完成一件工作、克服阻碍并达成目标后的感觉	◎您的实际表现跟您付出的努力是否成正比？ ◎当您完成一件任务时有什么样的感觉？ ◎您为自己设定了哪些目标？
	休闲时间	自己可以自由运用的时间，以及运用这些时间所得到的欢乐程度	◎您有没有发现自己忽略了哪些重要的事物？ ◎您是否曾延迟过一件自己很想做但没有马上去做的事？ ◎您真的从休闲时光当中得到欢乐吗？
	权力	能够掌控自己和他人命运的感觉……认为自己有相当影响力，可以指挥他人行为的感觉	◎您认为自己可以掌握自己的命运吗？ ◎您周遭的人是否都仰赖您，许多事情都须先征得您的同意？ ◎您有没有感觉目前在做的事情，其实自己很不愿意去做？
	声誉	赢得同事、业界的人与社区民众的尊敬……别人对您在工作上"表现出众"所展现的感受	◎您很重视自己的声望吗？ ◎别人对您是否心存敬意？ ◎您是否为了赢得声望而去做某些事呢？
	金钱	从工作中得到的财务收入	◎您对自己的收入感到自豪吗？ ◎您喜欢跟别人谈论金钱方面，或是您个人消费、储蓄与投资的事情吗？
	压力	想要不断改进工作表现而经常存在的感觉或需求	◎您对自己的工作未尽全力是否会心存愧疚？ ◎您是否一直感觉自己应在工作上多下点功夫？ ◎您是否需要上司不断给您激励？
	个人成长	成为独立个体或能力更强、工作更有效率的感觉——高人一等的感觉	◎过去几年觉得自己有成长吗？ ◎您是否专挑有助于个人进展的事情来做？ ◎是否订有一些计划想多做些事？

续表

排序	动机	内容描述	问题
	家庭生活	与家人一起相处的时间与品质	◎您是否花很多时间跟家人相处？ ◎跟家人相处的时间是否都过得很有意义？ ◎您的家人有没有跟您谈过，您跟他们相处的时间长短问题？
	安全感	维持现有工作的安定感……认为明天会更好的感觉	◎您很重视工作的稳定性吗？ ◎您会害怕尝试新的事物吗？ ◎您在工作上处理事情时，是否会顾虑到工作的保障？
	多样性	工作内容和方式丰富，比较少见重复单一的职责	◎您的工作职责有变化吗？ ◎您的工作是否能够帮助您锻炼多方面的综合能力？ ◎您对自己的工作表现感到满意吗？

对于不同年代的职场人，驱动其工作的动机当然有所不同。但总体来说，会分为表6-1中所述的十二项动机。建议管理者将上面这张表打印出来，让团队成员根据他们认为的重要性来进行选择、排序，根据他们的排序结果来判断他们的主要工作动机，再根据他们关注的主要动机来针对性地"画饼"。

举例来讲：

如果员工小A将"多样性"排得比较靠前，管理者在展望未来的时候可以多强调"如果现在承担的工作完成得比较出色，未来就有机会脱离单调的事务性工作，去迎接更综合、更多元化的业务组合挑战"。

如果员工小B将"家庭生活"排得比较靠前，管理者在加油打气的时候可以多侧重于"把眼前这个硬骨头啃下来，就可以好好休息一下，多陪陪家人"。

如果员工小C将"金钱"排得比较靠前……这个说辞管理者应该比较熟悉，不再赘述。

综上，只有觉察到每个人不同的动机诉求，才有可能画出对其有吸引力的"饼"。

2. 知行合一践行承诺——解决"说好的饼我没分到"的问题

解决这个问题的关键自然是"有诺必践"。员工对于领导的信任是非常珍贵的财富，一旦被打破，再重新建立几乎是不可能的事情。因此，管理者要慎重对待大饼的分配情况，尤其要注意自己的"亲信圈"。在过往的咨询项目中，笔者发现，员工们会对两点格外留意：一是这些"饼"最后落到了哪些人手上，是领导的亲信、朋友，还是普通员工？二是过往是否真的有承诺过的"饼"真实地兑现过。唯有身边切实可见的、与领导并无近亲关系的人获得了回报，这个"饼"才具有可信度。

此外，管理者对新生代员工日常工作当中的管理方式也同样是"饼"。承接表6-1工作动机表的结果，建议管理者根据表6-2不同动机下的激励手段来对管理过程和管理手段进行针对性的调整。对于不同动机，"+"号下面的内容都是能够激发该动机的行为，而"－"号下面的动作是管理者很容易在不自知、不自觉的情况下触及的"管理禁区"，需要慎之又慎。

表6-2　不同动机下的激励手段

编号	动机	激励要点	
		+	－
1	独立自主	授权	监督、过程跟进

续表

编号	动机	激励要点	
		+	−
2	表扬	当众肯定	当众批评
3	成就感	赋予工作意义	过于强调外部激励
4	休闲时间	休假、弹性工作	无谓的加班
5	权力	晋升机会、带领团队	安排打杂
6	声誉	决策参与、头衔	忽视
7	金钱	强调业绩和奖励的关系	不谈钱
8	压力	具有挑战性的工作目标	工作目标不清晰
9	个人成长	工作反馈、培训机会	只谈事
10	家庭生活	员工家属关怀、休假	强调24小时待命
11	安全感	强调组织荣誉、雇主品牌	过于强调危机
12	多样性	工作方式、内容多样性	工作一成不变

举例说明：

如果员工小D将"独立自主"排得比较靠前，那一切"授权"的动作都是"加分项"，而一直不停地监督、过问都是"减分项"。

如果员工小E将"个人成长"排得比较靠前，管理者在工作中多针对结果进行反馈、多给他提供一些参加培训的机会，他就会很开心；而如果每次都是"就事论事"，他就有可能陷入低迷和沮丧。

如果员工小F将"安全感"排得比较靠前，管理者多强调雇主品牌会让他们安心，但一些管理者总强调危机意识，许多员工本就身处在技能过时的焦虑当中，再被不停输入危机感，他们只能选择以辞职来获取安全感。

以此类推。

为了帮助大家更好地理解这个管理工具，再举个实例。

笔者的管理咨询团队中有个下属小Z，是一位学术型的女硕士，平时的工作与学习非常自律。于是我天然地认为她会比较在意"家庭生活""安全感""独立自主"等动机，结果让她做完了动机排序之后才发现，以上三项都被她排在了比较靠后的位置，排在第一的赫然是"休闲时间"。小Z根本不关心所谓的安全感，人家只关注自己是不是有足够的、能自由支配的时间。

基于这个结果，我将对她的管理方法调整成了"放养型"：开会你得来，任务你得做，出差你得去……只要保质保量地完成本职工作，其他时间不要求必须到公司，可以自由支配和调节效率比较高的时段来进行学习和工作。

这个做法起到了相当好的效果：小Z不但高效、完美地完成了本职工作，还利用休闲时间考取了健身教练资格认证，成为了一家健身房的尊巴舞金牌教练。

看到这里，大家应该有所顿悟。优秀的管理者能够准确识别员工的需求，同时也能够匹配相应的管理手段，进而激发员工在工作中发挥更大的作用和能力，这才能起到"画饼"应该有的管理效果。这个道理对70后、80后、90后乃至95后都是适用的管理方法。因此，这是一个"穿越代际差异的管理工具"。

这份工具表单是笔者应用最广泛、最纯熟的管理工具之一。在多年的管理咨询中，笔者积累了大量第一手数据，结合上文提到的95后的特点，将95后员工排序比较靠前、比较具有代表性的动机总结如下，供大家参考。

1. 独立自主

能否主动、自主地发起改变，是人和机器最重要的区别之一。新生代员工们的自我意识相对比较强，对自主性的需求就更高，自主的动机如果被有效激发，能让员工更有责任意识、发挥出更好的表现。

2. 多样性

新生代员工们对于一成不变的单调工作有天然的排斥。与此相对的是，多样性被他们提到了一个相当高的位置。许多新生代员工频繁更换工作，并非因为性情浮躁或好高骛远，更有可能是因为希望体验更多样的工作乃至人生。多样性动机正在深刻影响着95后们的积极性和择业观，管理者亦要针对这种特点为他们创造多样的工作体验。

3. 声誉

这项动机背后的实质其实是"参与感"。参与一份荣誉从无到有的积累过程，这本质上是新生代员工们性格中"自我"的一种体现。当下娱乐市场火爆的粉丝经济、社群经济将这种动机体现得淋漓尽致。粉丝们不盲目崇拜包装出来、硬推给他们的偶像，而更迷恋那些自己一票一票投出来，看着他们从草根变成偶像的明星，这是专属于新生代们特有的偶像养成模式。

4. 成就感

这是每个职场人与生俱来的动机，只不过在新生代员工这里体现得更为明显。当70后、80后的人们还有物质匮乏感时，他们会将成就感视为退而求其次的奢侈品；但对于95后来说，物质需求已经得到了基本保证之后，在工作中获取成就感就成了他们工作动机中的必选项。

5. 个人成长

感觉自己学到了新东西，越来越强，越来越优秀。从人性的角度来看，成长意味着希望，意味着无限的可能。新生代员工作为职场新生力量，对于成长的需求愈加明显。

以上就是在新生代员工中排序相对靠前、最具有代表性的五项工作动机。这些动机都和"钱"没有太大的关系。正如上一节中我们分享的丹尼·平克在《驱动力》一书中的结论：未来的职场中，推动人们工作的动力正在慢慢从金钱、地位等"外动机"逐渐转向成就感、参与感等"内动机"。对于管理者来说，要想持续、深刻影响和激励新生代员工，掌握他们"内动机"的触发开关，至关重要。

第三节 关注优点，引导注意力变为现实

笔者在培训课上曾提过一个问题："提起新生代员工，你的第一联想是什么？"答案五花八门：

有人认为新生代们脾气大；

有人认为新生代们爱"躺平"；

有人认为新生代们玻璃心……

总之，对他们的第一印象，很多都是"负面印象"。正是因为先入为主的心理定位，你在与他们相处的时候，就会不自觉地把他们当成对立面，越看越不顺眼，进而关系越来越紧张……

心理学中有一个经典的"墨菲定律"效应：如果你担心某种情况发生，那么它就更有可能发生。

回想一下你当年刚开始学自行车的时候，在路上颤颤巍巍地骑。路很宽，不远的路中央有一块小石头，你心里不停念叨："不要压到石头、不要压到石头……"结果呢？十有八九，你最后就压到石头了。前方路边有一个小水沟，你心里不停念叨："不要掉进去、不要掉进去……"结果呢？最终你就歪歪扭扭地冲着水沟骑过去了。

为什么？这条路非常宽，但你一直在找石头和水沟，一旦找到它们，你就不知不觉地靠近它们。这并非迷信，生活中无数的经验告诉我们，如果我们一直把眼光聚焦到某一件事情的可能性，这个可能性就会不断地放大，放大到一定程度，就成为了事实。

学开车的时候，教练一定会告诉你，想要学会开车，眼睛一定要盯着路的前方而不是车头。只有一直看着路前方，你的车开得才会直。如果你盯着车头看，车很快就会开歪了。

管理新生代员工们也是一样，你越关注他们某个方面的特质，那个特质就会越来越放大。你越认为新生代员工们很难搞、不好管，结果他们慢慢地，就真的变成了不好管的员工。

今天员工小A完成了领导交办的工作，但结果不好，管理者老W认为是和他对着干，于是越看他越不顺眼。而这个"不顺眼"，小A其实是能感觉到的，一来二去之后，就真的开始与老W作对。最后的结果就是老W和大家抱怨："你看吧！我看人很准的！我就说他就是故意和我作对！"

实际上，这个"敌人"是老W自己培养的。有人将其概括为"注意力＝事实"，互为因果。眼中是朋友，处处是朋友；眼中是敌人，处处是敌人。本书第三章分享的"关注圈"与"影响圈"，大概也是这个意思。

墨菲定律的反面叫作"皮格马利翁效应"。

皮格马利翁是希腊神话中的塞浦路斯国王，非常擅长雕刻。他不喜欢塞浦路斯的凡间女子，便使出浑身解数雕刻了一座美丽的象牙少女像，在夜以继日的工作中，皮格马利翁把全部的精力、全部的热情、全部的爱恋都赋予了这座雕像。他像对待自己的妻子那样爱护她，装扮她，为她起名"加拉泰亚"，并向神祈求让她成为自己的妻子。爱神阿芙洛狄忒被他打动，赐予雕像生命，并让他们结为夫妻。

这本是个神话故事，但是美国著名心理学家罗森塔尔和雅各布森在这个神话故事的基础上，进行了一项有趣的"罗森塔尔实验"。他们先找到一个学校，然后从校方手中得到一份全体学生的名单。经过抽样后，他们向学校提供了一些学生名单，并告诉校方，他们通过一项测试发现，这些学生有很高的天赋，只不过尚未在学习中表现出来。有趣的是，在学年末的测试中，这些学生的学习成绩的确比其他学生高出很多。

那么，这个测试结果真的这么准确么？其实并没有，这些学生不过是心理学家从学生名单中随意抽取出来的。

既然是随机抽取，为什么这些人之后的确变得更优秀一些呢？

心理学家认为，这就是教师期望的影响。由于教师认为这个学生是天才，因而寄予他更大的期望，在上课时给予他更多的关注，通过各种方式向他传达"你很优秀"的信息，学生感受到教师的关注，因而产生一种激励作用，学习时加倍努力，因而取得了好成绩。这种现象说明，老师对学生们的期待不同，对他们施加影响的方法也不同，学生们受到的影响也不同。罗森塔尔把这个现象命名为"皮格马利翁效应"。

皮格马利翁效应告诉我们，人类本性中最深刻的渴求就是赞美，对一个人传递积极的期望，就会使他进步得更快，发展得更好。反之，向一个人传递消极的期望，则会使人自暴自弃，放弃努力。这一点在新生代员工们身上表现得尤为明显，管理者应该而且必须赏识手下的这些新生代们，把赏识当成管理工作中的一种需要。

笔者有一次为某商业银行总行做新员工培训，课上大家讨论得非常踊跃与积极，弄得桌面非常散乱。下午上课前，新员工小A主动将本组散乱的桌面整理了一下，并将大家的桌牌摆好。我在下午课前表扬了他："所有小组中三组的桌面最为整齐，都是因为小A很有责任心地将桌面整理好了。"瞬间，所有人都以赞赏的目光看向了小A，小组其他成员马上自发地开始为小A鼓掌，小A也开心地挺起胸抬起头。

你认为小A下次会怎么做？其他人下次又会怎么做？

管理者所做出的激励动作必须要达到两个目的：激励本人，同时刺激他人。

小A听到表扬之后，自己很开心，这是激励本人。

班里的其他同学看到后很羡慕，并且由此产生了向小A看齐的行为，这是刺激他人。

管理者只有将有效的激励动作形成不断的"激励本人—刺激他人"的正向循环，团队文化的氛围才会越来越好。

做专业人才时，我们的任务是极致地纠错，重点是发现工作中的错误并且及时改正。一旦成为了管理者，应该及时调整关注的重点，管理者不是要把员工培养成面面俱到的全才，而是引导他们最大程度发挥他们所擅长的能力。从极致的纠错到深度的发现，发现员工身上的优势并且创造良好的氛围，来帮助他们完成符合自己专长的事情。

因此，每位管理者都要学会成为一名"呼优者"——呼唤对方的优势与长板。工作中的种种案例告诉我们，你越关注对方的优点，这个优点越会不断放大，放大到一定程度，就会变成事实。当真正开始在实际的团队管理中验证这个逻辑的时候，你就会不由自主地做一件事情：时刻努力地发现这些人身上的优点，并且去关注这个优点。注意力等于事实，久而久之，他们就真的进一步发展出了这些优点。将员工身上的优点累积起来，就是管理者最大的资源。

第四节　规划长远，帮助新生代设计职涯

笔者有一次在北京参加一个管理论坛，演讲嘉宾在台上提出了一个问题："你有没有发现，随着职业生涯的推进，员工们对工作的投入感越来越低，而职业倦怠越来越高？"

全场的观众略略思考，纷纷点头表示同意。嘉宾紧接着问："你有没有想过，这是为什么？"

大家纷纷举手，说出可能的原因：

"工作单调、重复"；

"慢慢寻求薪酬与工作量的平衡";

"直属领导抓得不够严";

······

最后,演讲嘉宾给出他的答案:"那是因为,随着职业生涯年限的增加,员工越来越长于短期计划,而短于长期规划。职业生涯刚开始的时候,很多人还会想得很长远,会去考虑诸如'十年之后我想拥有什么样的人生'这样的问题。而现在几乎只会去考虑'明天要完成领导交办的哪些任务'。"

全场安静了几秒钟,随后爆发出雷鸣般的掌声。

笔者非常喜欢这个答案,它似乎回答了我心中多年的困惑。哈佛大学教授泰勒·本-沙哈尔曾经分享过一个观点:人有一种基础幸福感,我们称之为平常心。当你自主设立了一个目标,并且通过努力实现这个目标的时候,你的幸福感就会得到大幅度的提高。但人的适应力是很强的,很快,你的这种幸福感淡化了,于是你需要去自主设立下一个目标。

举个例子,你设立了一个目标——买房置业。于是你开始拼命努力赚钱。什么时候幸福感最强呢?当你在购房合同上签字的一刹那,幸福感简直爆棚!但很快,这种幸福感就会淡化了。

于是你设立了下一个目标——设计装修。你开始找设计师、讨论设计方案、找装修队、购置装修材料、现场监工……什么时候幸福感最强呢?装修交付的那一瞬间,幸福感又爆棚!但很快,这种感觉又淡化了。于是你开始设立下一个目标……

沙哈尔教授认为,人的幸福感是在不断地自主设立目标、实现目标、设立目标、实现目标的过程当中产生的。如果缺失了自主设立的目标，只是被动地接受短期任务，人的倦怠感就会油然而生。很多新生代员工的管理者在实际工作中也常常陷入这样的误区：只习惯为员工制订短期的计划，却不善于为其规划长远的目标。经常性地习惯把注意力集中在完成短期的事情，也就是时间管理矩阵当中的"重要且紧急"的工作任务上。没有在重要的事情还尚未紧急的时候做预先的处理，导致管理者变成了疲于奔命的"救火队长"。为什么员工的激情大不如前了？因为他们习惯了接受任务，不再去想更长远的目标了。而那些始终激情如一的员工，其共同特点必定是拥有明确、坚定的长期职业规划。

职业规划这四个字，对于70后、80后的很多人来说像是遥远夜空中的星星，看得见，摸不着。很多人没有对自己的职业生涯进行规划的意识。大学毕业时没有任何准备，懵懵懂懂进入了职场，混迹职场十年后忽然觉察：走了很多弯路，的确需要规划一下。可是为时已晚。

而新生代们不一样，他们身处信息爆炸的时代，无数成功人士的传奇故事让他们有意识地开始憧憬未来的职业路径，但囿于对行业赛道的评估不足以及对自身能力的判断不清，无法做出准确、清晰的长远职业规划。因此，作为管理者，一定要设身处地地为员工规划、考虑长远的、带有预见性的职业发展路径。当我们能够做出有预见性的思考时，员工才会发自内心踏实地跟着你干。如果你能在新生代员工甫一入职，便介入他们的职业发展规划，辅助他们制订出在公司的职业路径设计，同时辅以有效的资源匹配，就能有效地影响员工的职场期待，有助于提升员工的留存率，提升归属感。

领导力学科中有一个经典的观点："管理者明确了方向去寻找跟随者，跟随者找寻到了领导者就明确了方向。"为什么很多新生代员工不愿意围绕你的团队去制订他自己的职业生涯规划？一个重要的原因是你搭的台子太小了。规划是5～10年的长远发展，可是管理者每天只催促大家考虑本周要干什么。没办法规划长远，也就不会考虑能力要怎么成长。

你搭的台子这么短，他想要的那么长，还没走几步就发现无路可走了。这就是为什么员工没有把自己和组织捆绑起来共同发展的原因。而当你想明白，并明确传递给他们：跟着我干，三年、五年、七年，咱们能一起做什么、达成什么结果、获得什么荣誉，他们才会愿意一直跟随着你。

小N大学毕业之后面试了一家针对企业组织学习的管理咨询公司，公司老板是一位业内知名的培训讲师，在最终面试的时候，老板对小N说了这么一句话："我认为，每一个年轻人都需要有自己的职业规划。如果你能加入我们，或许在这件事上，我可以帮到你。"

正是这句话，让原本犹豫不决的小N最终下定了入职的决心。原来，小N毕业于一所二本高校的英语专业，大学期间学习刻苦、努力，最终拿到了专业八级证书。但开始找工作后，小N沮丧地发现，这个象征着专业与努力的证书并未给她带来实在的加持。对于大多数企业来说，英语四级就足够了，不愿意为小N的专业八级提供匹配的薪资，而小N二本高校的出身又很难帮她闯过高大上的外企的简历筛选。小N一度为职业发展而深感迷茫，而老板的这个承诺无疑给迷茫中的小N吃了一颗定心丸。

进入公司半年后，老板结合小N的个人能力与意愿，为她制订了一份职业发展路径：牵头公司的"职场英语培训"业务。老板给出了几点理由：

第一，小N的优势是英语非常专业，因此适合英语方面的教学工作，如果从事其他工作，浪费过往的专业积淀着实可惜；

第二，小N的劣势在于过往履历并非一流高校或者师范类院校，因此难以进入大型外企任职或进入高校任教；当然，新东方等英语培训是一个可能的选择，但同质化对手较多、赛道拥挤，不容易突围；

第三，公司准备发展职场英语培训业务，是过往业务版块的横向复制延展，公司之前有过业务复制经验，孵化成功的可能性较大；

第四，职场英语培训在区域市场目前仍处于相对的蓝海，公司将其视为中长期的战略发展方向，优先匹配市场、研发资源向其倾斜；

第五，公司认为小N的专业方向与其十分契合，但经营与开拓能力尚有欠缺，老板会亲自"下场辅导"，希望能在重点提升创业能力的同时，充分发挥小N的主观能动性。

面对着这样一份个性定制又饱含诚意的职业发展规划，小N没再过多犹豫，全身心投入了这次"内部创业"之旅。

所谓职业规划，是指对职业生涯甚至人生进行持续的系统的规划，通常由职业定位、目标设定与通道设计三个要素组成。

1. 职业定位

指根据自身的条件，主客观条件都要衡量，包括特长、优势、兴趣、能力、特点等，定位在一个能发挥自身所长的位置上，选择与自身能力相匹配的事业。

2. 目标设定

在充分认识自我、了解社会环境后，评估职业生涯机会，对职业发展方向做出抉择。

值得一提的是，管理者在为新生代员工设定目标时，要重点考虑以下几个问题。

（1）目标要符合社会与组织的需要。

（2）要以自身情况为基础。

（3）要具有挑战性，目标要高于现状，但不能太高。

（4）要有短期目标和长期目标两个目标，短期目标可以根据不同时期进行更换。

（5）幅度不要太宽广，也不宜太窄，要给自己留有多方选择的余地。

（6）目标要明确，一个时期内要有一个目标，不同时期可以有不同目标。

3. 通道设计

指公司内部为员工设计的自我认知、成长和晋升的管理方案，通常具有下面四种模式。

（1）传统职业生涯规划。即基于同一家公司的传统的纵向职场晋升通道，比如销售员、销售部门总管、销售经理、区域销售总监等。

（2）网状职业生涯规划。即基于专业而非企业的发展路径设计，综合考虑职位序列、横向发展、核心发展、交错发展等。例如英语专业毕业后，可以选择依托专业门槛进入培训机构当老师，掌握了职场技巧后进入外贸企业当翻译，提升业务能力后进入公司做管理……通过这样的"曲线救国"的发射型发展，实现网状的职业生涯规划。

（3）横向职业生涯规划。尤其适合看重"多样化"的新生代员工，不是按照自己的职位从低到高垂直晋升，而是从一个职位直接挑战另一个岗位。基于兴趣的改变，打磨复合型的职场能力。

（4）多重职业生涯规划。横向职业生涯发展复合能力的极致，是能够不只在一个专业领域里取得成功，同时还可以拥有多重职业和身份的多元路径，这便是新生代们特别推崇的"斜杠青年"。

技术的发展帮助供需双方解决了信息不对称的问题，人们的角色变化更为便利，越来越多的新生代们选择成为自由职业者，而非受雇于单一一家组织。他们是多种能力属性的拥有者，可以被多家企业雇佣，甚至可能在一家大公司做技术的同时，也在为多家小公司做产品、做运营……伴随着数字技术爆发而兴起的诸如教育、健身、美食、旅游等移动互联网平台，给了他们摆脱组织的束缚，直接为用户提供服务的机会。

对管理者来说，如果能够在充分了解其能力和意愿的前提之下，帮助新生代员工个性化定制他们的中长期职业规划，不但能够有效提升员工的满意度和留存率，也会有助于他们长时间在工作中保持积极向上的热情。

第七章

针对新生代员工的
非物质激励

第一节　拒绝洗脑，与员工建立心理契约

阿里巴巴前CEO在卸任演讲中曾经说："48岁之前，工作是我的生活，以后，生活将是我的工作"。

这句似乎很拗口的话在许多管理论坛内引发了讨论与共鸣，但许多的新生代员工却对其不以为然。为什么？

工作的目标是什么？财富、身份、地位……工作的目标就是追求成功。

生活的目标是什么？现在有意思、未来有意义……生活的目标是追求

幸福。

对于70后、80后员工来说，从小受到的教育有一个底层逻辑：事业成功是生活幸福的基础前提和必要条件。想要享受美好的生活，首先必须要经过艰苦的奋斗。吃得苦中苦，方为人上人。

用这个逻辑来尝试解释以上发言背后的潜台词："阿里巴巴创业多年，我已经吃过了苦中苦。现在事业有成，开始享受人上人的生活是理所当然的。而你们也应该走和我一样的职业道路，现在多吃点苦，未来才会有希望成功，然后享受幸福。"

这个逻辑似乎有点道理，但为什么新生代们不认可呢？

在物质条件匮乏的年代，以财富为代表的"成功"的确很大程度上决定"幸福"的程度，工作就是为了赚钱，这一点在第一章代际画像中已经阐述得很明白了。由于事业成功是大家追求的重要目标，所以与事业成功强关联的"胡萝卜＋大棒"的管理模式能够大行其道。

可是，时代变了。

一篇调研报告曾调查了一个重要的问题：成功和幸福，你选哪个？

理想的答案当然是"我全都要"。

如果硬要做个选择呢？

53.0%的70后选择了成功；

68.1%的80后选择了成功；

81.7%的90后选择了幸福；

如果数据再精确到95后，那么选择幸福的比例是88.3%。

怎么办，95后不那么关心你的"胡萝卜"，当然就不那么怕你的"大棒"了。

沙哈尔教授在《谈幸福》一书中将幸福定义为快乐和意义，这两个词都指向了一个词：感受。

马斯洛告诉我们，当吃不饱穿不暖的时候，你是不会有心思"感受"生活的。

但当基本物质需求满足了之后，大家就开始追求快乐和意义了。

所以，作为新生代员工的管理者，除了传统意义上的物质激励这样的"胡萝卜"之外，更要注意管理风格、工作环境等影响"感受"的因素，因为在新生代的观念里，工作不再是享受生活的手段，工作就是生活的一部分。

那么，如何实现这一目标呢？

一个可行的方法是：与新生代们建立心理契约。

新生代员工与企业的关系，已经不仅仅是原有的一纸劳动合约就可以描述的了，管理者需要与他们建立新的游戏规则来确定"玩法"。这种新的游戏规则就是用劳动契约和心理契约共同描述的。

所谓劳动契约，就是依据市场法则确定员工与企业双方权力关系、义务关系、利益关系的必备规则，是实现价值交换的前提。

而所谓的心理契约，是指作为员工态度与行为的无形规约，平衡着员工心理期望与工作行为之间的联系，使员工能够以组织对自己所负的责任来衡量自己对待组织的每一行为，并作为调节自己行为的标准，推动着员工与组织达到最佳组合状态。

心理契约不是真正的契约，并没有一份双方签字、白纸黑字的实体文件，而是一种双方心理上的相互的期望和承诺。尽管这些承诺没有实体载体，却能在双方的日常工作过程中，动态地达成默契。管理者如果能意识到这个无形契约的存在，在关键节点将彼此的承诺显现出来，强化出来，就可以有效促进员工进行持续的自我激励。

看到这里，很多人可能一头雾水，觉得"心理契约"这个概念很"虚"，觉得这是毫无意义的事情。如果你也是这个想法，那么请先看看下面的故事。

《敖包相会》这首歌大家都耳熟能详，但是你知道"敖包"是什么吗？

笔者以前一直以为"敖包"就是帐篷，后来到了内蒙古，朋友介绍后才知道，原来此"敖包"并非蒙古包，而是一种由大小石块堆积而成的圆形的实心包状"建筑"。在蒙古语中，敖包就是"堆"的意思。敖包在一望无际的草原上十分常见，每隔一段距离就会看到一个，通常建在山顶、湖畔的醒目之处，竖立有木幡杆，上面插有柳枝和五颜六色的金幡彩带，据说有些已经存在了千年。

那这些敖包是怎么来的呢？

在地广人稀的内蒙古，时有旅人迷路的情况发生。有一些僧人想了一个办法，他们在草原上找来石头，堆成石堆，方便大家认路，所以敖包实际上就是大草原上用作导航标志的路标。

路标建立后，僧人们又发现了一件棘手的问题，要对这些分布在广袤草原上的石头堆进行维护几乎是一件不可能完成的任务。即便没有人为的破坏，风吹日晒的，日久天长也会被风化掉。僧人的力量毕竟有限，必须依托牧民们一起来对这些路标进行维护。建造路标是人人得益的事情，并且，牧民每次遇到路标时奉献几块石头也不是什么难事。但是对于牧民来说，放牧时还要留意石块并且一路要携带直到遇到路标，的确是件辛苦的活儿。更何况有那么多人贡献，某个人的几块石头也就无足轻重了。如果大家都这么想，那分担这些敖包的维护成本就变成了一件麻烦的事情。大家都需要路标，但是也都有让别人去添砖加瓦自己却坐享其成的心态，最终好事难成。

为了能让这套庞大的导航体系经年累月地维护下去，让人们可以长期受用，僧人们想出了一个办法，赋予这些石堆以特别的意义，与旅人建立心理契约：敖包象征神明，旅人遇敖包必下马参拜，在敖包旁绕三圈，然后再拣三块石头丢到包上，这样就会得到神灵的庇佑。经年累月，每个走到敖包跟前的当地人，都会满怀希望地为它加上石头，人人都来维护这个敖包。所以敖包就这样在无遮无挡的大自然中存在了几千年之久。

聪明的僧人的解决方案让人拍案叫绝，他们赋予功能性路标以宗教的意义，让路过的每个人都自觉地对发挥路标功能的敖包进行建设，在祈福中完成了自己的贡献。

现在想想，如果让我们每天出门的时候，看见一个石头堆就放一块石头上去，即便告诉大家这是路标，是对我们自己和其他人都有好处的，恐怕也没几个人能坚持下来。但是，由于有了心理契约存在，就可以让那么多的普通人一起坚持做这么一件挺不容易的事儿，并且坚持了上千年。

初听到这个故事时，我为这个故事深深震撼，真切地感受到了心理契约对人的激励力量。那么，心理契约具体要如何"签订"呢？

首先请思考一个问题，在生活中，什么事情是不需要管理，你也可以做好的？除去严格的"自律"型人之外，大部分这样的事情，几乎都满足两个条件：

（1）有明确的期望目标；

（2）做出公众承诺。

某个朋友忽然将社交媒体的头像换成一个图片，上面只有八个字：不减十斤，不换头像。这是个典型的心理契约的表现，首先有了明确的期望目标——减十斤，同时有了公众承诺——否则不换头像。有了这样的心理契约，就能够不断自我激励，保证"减肥大业"的延续性。

生活如此，工作亦如是。

新生代员工刚入职的时候，就可以与他们积极展开沟通，尝试与其订立心理契约，此时是心理契约发挥效用的最佳时刻。如果团队中的新生代已经入职一段时间，也可以选择在团队阶段性总结或者新工作开始的时候进行。依照上文的标准，心理契约可以从"明确期望"和"公众承诺"两部分展开。

1. 明确期望

分为"了解期待"和"树立榜样"两个维度。

（1）了解期待：明确新生代员工对自我职业能力的认知，以及接下来对组织与团队的期待。包含但不限于以下问题：

● 进入公司以来，有没有哪件事，特别想做好？

● 今年对你来说，什么事最重要？

● 在我们团队，你希望取得什么成就？

● 在这个行业，你希望成为什么样的人？

……

（2）树立榜样：了解期待之后，也要认识到团队现有的资源未必能够完全响应和满足对方的需求，因此管理者也可以趁此机会引导员工树立合理的目标，或者帮助他们找到一个合适的榜样。包含但不限于以下问题：

● 三年后，收入达到多少你会很满意？

● 你希望多久可以承担一定的管理职责？

● 你最欣赏行业中哪位资深人士？

● 你最欣赏团队的哪个同事？

……

2. 公众承诺

分为"做出承诺"和"消除恐惧"两个维度。

（1）做出承诺：在了解了新生代对于工作的期望之后，以终为始地引导其倒推出为实现这个期望所愿意付出的努力。包含但不限于以下问题：

● 为了达到你理想中的期望，你最愿意投入什么样的工作状态？

● 为了向榜样任务看齐，与现在相比，你希望做出什么样的改变？

● 你是否愿意做出公众承诺，让团队一起来见证你的成长和改变？

……

（2）消除恐惧：新生代不愿意做出承诺，背后的原因可能是害怕失败和犯错，进而担心被批评。因此，在订立心理契约的时候，管理者需要表明你对错误和失败的态度，以及和他站在一起的决心。包含但不限于以下问题：

- 我愿意和你站在一起，陪你一同成长，所以可以把你的担忧告诉我吗？

- 你是担心出错吗？错误与失败不是坏事，我们一起来总结一下从中可以学到什么？

- 你的能力没有问题，是不是心理压力太大了？你是否愿意坦诚地告诉我？

……

通过这些问题，尝试与员工建立起心理契约。对于新生代员工来说，这种无形契约的力量，很多时候甚至超过签过字的有形契约。

第二节　投其所好，关心新生代关心的人

在对新生代员工进行激励的过程中，很多管理者采用的方法是"胡萝卜＋大棒"的模式，但新生代员工大多数生活条件优越，养成了养尊处优的意识和习惯，传统的激励方法也渐渐失去了过往的作用，我们需要采用更新颖的激励方法。

主管老W在上班路上接到下属小Y的电话。

小Y："主管，我请两天假，我要去一趟火车站。"

老W："去火车站？怎么啦？"

小Y："我今年过年不是没回家嘛，我父母来看我。"

老W："哦，那你今天什么时候回公司？"

小Y："嗯？我说我请两天假，接站后我要安顿一下他们俩。"

老W："小Y，咱们的项目正在进行，你那边的事情交代给其他同事了吗？"

小Y："还没有，我晚点儿到家整理一下再发邮件。"

老W："这不行，这会耽误整个工作进程，要不你先回公司做一下交接……"

电话突然挂断了，然后工作群里出现一句话，是小Y发的，并且直接@了老板："我父母好不容易来看我，请假不给假。家人比什么都重要，这工作不干也罢。"

接下来，小Y的手机就处于静默状态，公司电话、同事微信一概不回，还发朋友圈把公司指名道姓地骂了一顿。这可把老板气坏了，把老W一顿臭骂，说他不会处理与员工的关系。老W觉得很委屈，毕竟工作为先啊！

微软中国前总裁，"打工皇帝"唐骏也遇到过类似的场景，他却采用了一种截然不同的做法。项目正进行到攻关的关键时刻，一个项目组成员忽然提出请假，理由也是父母来探望，他要去接机。唐骏的做法是，以总裁办公室的名义，派专人、专车代表该员工去机场接机，并送到微软公司的定点接待酒店安排入住。一来，替该员工打理好了一切，避免了后顾之忧。二来，也在老人们面前给该员工挣足了面子。不但没有影响项目的正常进度，同时还对该员工形成了正向的激励。

　　总结成一个管理观点：关心员工，也要关心员工所关心的人。

　　这个管理方法对于新生代员工尤其有效，物质条件得到保障之后，他们对于精神的需求就极为强烈，而家人就是他们精神需求的集中表现。

　　笔者的朋友Z经理分享了她管理新生代员工的方法，很好地实践了上面这个观点。

　　Z经理是某银行信用卡中心销售团队的负责人，手下的团队成员都是95后。作为销售人员，拜访客户时的外形与状态是非常重要的，于是Z经理在团队办公室临近门口的墙上贴了一面全身镜，便于大家出门拜访客户之前整理一下仪容仪表。

　　为了帮助大家调整状态，Z经理在镜子上贴了七个字："今天你微笑了吗？"这是一个很常见的管理手段，叫作"自我激励"。

　　可是，实践了半个多月，Z经理发现这面镜子并没有起到预想中的效果，大家还是带着沉重的心情来上班。Z经理仔细地分析了一下，终于发现了其中的端倪。

　　之前，Z经理看见全身镜旁边的墙是空白的，就贴上了最近一段时间上级单位的服务考核通报情况，以提醒后进的员工注意服务规范。他忽然觉察到，这两件管理手段的逻辑是冲突的：这些员工们出门拜访客户之前，先在镜前整理仪容仪表——"微笑了吗？微笑了！"转头一看，"上周被通报了！"脸色立刻就变了，刚才的好状态一扫而空。

　　看到自己精心设计的管理手段反而起到了反作用，Z经理赶紧将镜子边上的通报、批评统统撕下来。但旁边的白墙空着不好看啊！于是Z经理做出了应变措施：她让团队里的每个95后成员带来两张照片。谁的照片都可以！父母、情侣、朋友、甚至偶像……只要是你亲密的或者是向往的人都可以。规则只有一条：本人不能出现！

这个看似滑稽的要求出台的第二天，Z经理收到了一堆员工们提交上来的家人的照片，她用铅笔在照片背面做好标记，然后全部贴到镜子旁边的白墙上。

意想不到的情况发生了，员工每天早上出门拜访客户，先对着镜子整理一下仪容仪表，自言自语："今天微笑了吗？微笑了！"然后再向旁边一看，照片中自己最关心的人也在朝着自己微笑，心情变得更好了！

不但如此，团队员工还会聚在一起叽叽喳喳地讨论，由于没有本人照片，所以大家开始"盲猜"：

"这是谁家的老爷子，长得真慈祥！"

"这是谁家的老太太，长得真富态！"

"这是谁的男朋友啊，长得真帅！"

……

你应该能想象得到这种感觉，别人在你不知情的情况下夸你的亲人，比夸你让你更开心。

Z经理尝到了甜头，进一步升级了这个管理手段：她每两周更新一次照片墙，把老照片还回去，让大家提供新的照片。这个举措一下子把大家的创作热情点燃了，纷纷自发地发动家人利用休息日组织聚会，大家一起拍大合照，然后把自己的头像打上马赛克，并带来照片让大家盲猜这是谁的亲人……这项管理举措形成了正向的自循环。

电视剧《琅琊榜》里也描述了一个类似的桥段。太子和誉王都在拉拢梅长苏，一个劲儿地往梅长苏家里送礼，但梅长苏为了避嫌，统统退了回去。只有唯一的一次，收了誉王的谋士秦般若送的礼物。誉王很好奇，询问之后得知，原来秦般若不止准备了送给梅长苏的礼物，还为梅长苏的贴身少年侍卫飞流准备了一个小玩具，梅长苏本来要按照惯例退掉，忽然发现飞流对这个玩具爱不释手，于是干脆全都留下了。

笔者在近几年的咨询项目中发现，国内很多企业已经开始重视对于员工家庭的关怀。从大量的案例当中，选取了几个有代表性的方法，总结如下，供大家参考。

1. 在重要时刻（生日、新年）问候员工的父母

新生代们对于仪式感格外重视，从情侣们在各种纪念日的活动安排就可见一斑。因此，记录员工的生日，并在当天以生日会等形式开展团建活动，已经成为了管理新生代员工的习以为常的"常规动作"。但是，我们在前文也讨论过，一项激励政策，只要变成了"规定动作"，激励效果立刻减半，因此，管理者即使在这一天送上生日祝福，员工也不会很感动，因为他会认为这是"我应得的"。

笔者在为杭州一家互联网企业做文化建设项目时发现，他们的各级团队管理者们不但记录员工的生日，也会记录他们父母的生日。甚至会细致到去识别是公历还是农历，并在那一天代表团队为其家人送上祝福，同时对员工的工作给予肯定，起到了相当不错的激励效果。

同样的道理，另外一个可以切入的关键时刻是春节。建议各位管理者，在阖家团圆的日子里，抽出一些时间代表公司给员工的父母拜个年，同时别忘记顺带对员工进行一番表扬，相信也能起到事半功倍的成效。

2. 家庭团聚计划

新生代员工甫一进入职场，最直观的变化就是与家人相处的时间急剧减少。在念书的时候，还有规律的寒暑假时间可以陪伴在家人身边，工作之后几乎就只剩下春节假期那短短几天。网上的一篇文章曾经将这个时间进行了细致的量化：按寿命75岁来算，如果父母还能健健康康地活30年，在外打拼的你平均每年回家一次，那么只剩30次。每次五天，抛去和朋友聚会、应酬、吃饭、睡觉，你每年能陪父母的时间只有24个小时，30年总共不及720个小时，合计差不多……一个月。

如果将这个结果绘制成直观的一张图，按照人生75岁计算，也就是900个月，换成30×30个格子画满一张A4纸，和父母相处的时间，仅剩下右下角那孤零零的一格。

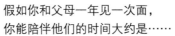

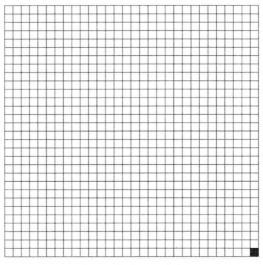

我们还能陪父母多久

很多新生代们看到这个表格纷纷表示"泪目""破防"。话题"还能和父母在一起多久"还一度被推上了热搜。

基于这个结果，上海的一家文化传播公司迅速推出了一项员工激励措施——家庭团聚计划。每年额外拿出一部分的费用作为专项福利，该福利指定员工的直系亲属为受益人，公司可以为其报销一定的交通、住宿、餐饮等费用，以促成员工与家人的团聚。这项举措一经推出，立刻在公司里起到了非常明显的效果，极大提升了新生代们对公司的归属感和团队凝聚力，工作热情空前高涨。

3. 成功贺年书

我们在第二章第三节讲过激励的嗑瓜子原理，其中的第三条，带领新生代们定期回顾这段时间他取得的成绩和贡献，能够对其形成二次激励。

实际上，这一点不但能够用在新生代身上，也同样可以用在他们的家属身上以形成"三次激励"。

厦门的一家管理咨询企业完美地实践了这个管理观点，在过年的时候，他们会为新生代员工的家人制作一份特殊的"贺年书"。行政部门搜集、整理该员工这一年来收获的来自客户、领导、同事的赞扬与感谢，并汇编、打印成册，作为一份"定制化"的新年礼物寄给员工的家人。

想象一下，如果你是这位员工的父母，收到这样一份礼物会是什么样的心情？一方面能够了解孩子这一年来的业务内容、成功足迹和工作成果；另一方面，看到的都是来自领导与客户的表扬与感谢，进一步提升了父母对于这份工作与这家公司的认可。

第三节　提供机会，推动新生代分享喜悦

笔者在企业中讲课的时候，常常会在课堂抛出一个问题让大家讨论："提起公司，你首先能想到什么？"

大家的回答自然是五花八门，我留心记录了大家的答案，发现了一个有趣的现象：如果一个人，提到公司，首先想到的词是"沟通""合作""团队"……另外一个人，提到公司，首先想到的词是"压力""指标""考核"……你能判断出这两个人最近的职场状态怎么样吗？

估计第二个人最近可能活得"艰难"了一点。

同样的道理，在什么情况下你会在社交媒体"晒"（公布、分享）一下公司？一般来说只有两种情况：要么幸福，要么无语。

笔者在一次科技园区组织的培训会上认识了两个95后的程序员小B和小D。他俩分属这个科技园区的两家软件开发企业，这两家企业的组织架构、业务方向、办公条件非常相似。可是我每天看着小B和小D发的QQ好友动态，却感觉他俩似乎是在截然不同的工作环境下工作。

小B每天的动态基本上都是充斥着各种牢骚，只有在周末才会稍微"阳光"一些：

"遇到一个傻领导怎么办？"（配图是一个被打肿脸的表情包。）

"有些活真的是没法干！"（配图是一个直挺挺躺着的表情包。）

"真是够了！！！！！"（配图是一个乱糟糟的办公环境。）

"周五下班啦啦啦啦啦啦……"（配图是"普天同庆"的图片文字。）

而小D的动态却一派"岁月静好""春意盎然"，幸福感似乎要溢出

屏幕：

"老大今天过生日请客啦，也好期待自己的生日！"（配图是九宫格的现场图片。）

"说实话，公司的茶点太好吃了！真的想周末加班不回家，就是为了吃！"（配的是美食图，看着似乎是小D角度拍摄。）

"午休能来看看书，是不是像大学时光中的你和我？"（配图是科技园区里的书吧，还是九宫格。）

"好幸运！有你们相伴。"（配图是加班时灯火通明的办公室。）

各位，你们在看到这些内容后是什么感觉？

每次我刷到小B的动态，都在感慨这孩子似乎永远咬牙切齿、永远苦大仇深。而再往下划到小D的动态后，又感觉这世界似乎美好了一点点。

他们的动态下面的留言也呈现出截然不同的样子。

小B的动态下面的留言都是：

"这样的公司，还留在那里干吗，此处不留爷自有留爷处！"

"这种地方高出一两千块钱，我都不喜欢，赶紧撤吧，大兄弟。"

"你这样下去会抑郁的，别再上个班把自己搭进去了。"

……

而小D的动态下面的留言则变成了：

"你们公司还招人么？"

"和HR熟吗？给递个简历呗！"

"太幸福了吧，羡慕嫉妒恨啊，好喜欢你们公司。"

……

其实，两家公司无论是规模还是效益、无论是硬件设备还是休闲设施，基本上都差不多。可为什么小B每天上班除了发牢骚就是表达愤怒，而小D却把工作做成了让人羡慕的样子？

既然环境差不多，那问题也许就出"人"的身上了吧！

带着这个问题，笔者分别与两人展开了一番讨论。果不其然，小D的主管是一个开朗的85后，非常愿意和这些新生代们打成一片，在工作之余一起参与各种各样的线下活动，并且以团队的名义"晒"到各种社交媒体上。而小B的主管是一个程序员编程高手，习惯以自己的标准去要求团队，经常把"有发朋友圈的工夫能写十行代码"挂在嘴边。

我们常说"管理者的表情就是员工的心情"，有这样管理风格截然不同的主管，小B和小D有如此大区别的工作状态也就可以理解了。

新生代员工有强烈的表现自我的主张，典型行为就是他们特别喜欢在各种社交媒体上"晒"，开心的时候"晒"，难过的时候"晒"，感受到幸福的时候"晒幸福"，感受到不公的时候"晒愤怒"。一个优秀的管理者，懂得为这些新生代员工创造"晒幸福"的条件，实际上就是管理者该如何引导与提高员工幸福感的问题。

笔者有一位好友小L，灵活地应用了这个管理观点并实践在自己的团队当中。

小L是某互联网企业的产品经理主管，她最犯愁的是团队中的新生代员工们对参与团队活动不积极。最典型的场景是团队的晨会，一成不变、周而复始地传达精神、分配任务、齐声口号……以往的70后、80后员工可能还会跟着执行这些"常规动作"，但95后几乎完全不给面子。用小L自己的话来形容："我在台上有气无力地讲，她们在下面半死不活地听。"完全起不到任何晨会该有的作用。看着团队日渐低迷的士气，小L决定尝试推动改变。

经过思考，小L决定在团队内部推行一项全新的晨会模式："早餐日"。她要求团队中的每个成员买一个漂亮一点儿的饭盒，并将每周二和周五定为团队内部的"早餐日"。在这两天，大家带早餐到公司一起吃。"早餐日"有一个要求：这份早餐不可以是从外面的早点摊、小吃店买的，必须是家里做的。不过不要求非要自己动手，员工的家人——爸妈、男朋友/女朋友做的，都可以。

有意思的事情发生了，刚开始大家还稍显尴尬，但把所有的菜放在一块儿开始"聚餐"之后，气氛很快就热闹了起来。大家叽叽喳喳讨论了很多平时没有机会也没有心气讨论的话题，小L也趁这个机会很快地部署完了当天的任务内容，晨会的效果明显改善。

不但如此，随着"早餐日"的不断延续，周二和周五俨然变成了这个团队的一个小节日，大家一进门就开始嚷嚷：

"这是我爸爸拿手的肉包子，大家来尝一尝！"

"这是我男朋友早上起来炖的鸡汤，大家来分一点儿！"

……

他们一进门就开始嚷嚷这些，其实是在做什么？

炫耀？显摆？卖弄？

更恰当地形容，他们就是在"晒幸福"。

管理者能够让自己的员工晒出关于企业更多的幸福，不但能够有效提升团队的凝聚力，更是在无形中塑造着企业形象与雇主品牌。

就像小D的社交圈子里，几乎所有人都知道她所在公司的文化氛围非常好，大家也会不由自主想要关注这家公司。这种宣传效果，可是要比掏钱在各大招聘网站做广告有效得多，也划算得多。

但是，也有很多的管理者，强调"冷冰冰"的工作效率，经常会忽略新生代对于"暖洋洋"的幸福感的诉求，除了刚才小B的主管，再举个反面例子。

2019年10月，笔者应邀去某国有银行的上海分行给支行长讲课，当晚恰逢著名歌星周杰伦在上海的梅赛德斯-奔驰中心开演唱会，当地的朋友订了个视野绝佳的包厢，邀请我一同观看。当日演唱会极其火爆，很多我过往的学员也在现场，我的朋友圈几乎被大家现场录制的小视频刷屏了。我挨个给他们的朋友圈点赞，然后留下一句"炫耀"的评论："你往头上的包厢看，邱老师在上面！"

第二天的课间休息时，我与学员们聊到了昨日朋友圈刷屏的盛大场景，恰好台下有昨日演唱会现场的员工的直属领导，听我描述后打开朋友圈，然后疑惑地问我："没有啊，她昨天发的朋友圈，是在单位加班啊……"

大家安静了一秒钟，忽然爆笑："你被员工分组屏蔽啦！"

课后，我特地拽住了这位领导叮嘱："回到支行后不要骂她，先反思一下你自己。你的员工在如此激动（连发了N条小视频）的情况下，竟然把你屏蔽了。只能说明一点，你平时没有给她创造'晒幸福'的机会。"

读到这里，我也希望各位管理者放下书本，认真回忆一下，你有没有在团队内部为员工创造"晒幸福"的机会呢?

第四节　内部共创，用潜规则提升凝聚力

有一种有趣的心理现象，当有一件事儿只有你和某人或某一些人知道，而其他人不知道的时候，你们之间就会产生不一样的凝聚力，关系自然也会变得紧密一些。

作为新生代员工的管理者，我们当然不应该怂恿员工一起做一些"坏事儿"，但我们的确可以应用这个心理上的现象来对新生代员工展开有效的激励。

小H是某通信运营商的营业厅经理，团队中一共有12个成员，全部由新生代员工构成，团队中年纪最大的不过93年出生，而最小的是00后！因此，小H非常重视对于新生代员工特点的分析与管理手段的创新，经常与笔者就这两个话题发起讨论。

令我欣喜的是，与小H的讨论并不只是我单向地回答她的疑问，而是经常能够互相碰撞出有趣的观点。这皆因小H非常擅于观察生活，并能够从中总结和分离出可能的管理手段。

一次，小H和我分享了她遇到的一个场景：小H周末去逛一个服装店，在导购小姐的推荐之下，挑中了一件运动服。小H在前台付款的同时，推荐她衣服的导购小姐在旁边叠衣服、装袋子。当小H接过袋子准备转身离开的时候，忽然从后台的某个角落跳出来一个穿黑西装的人，径直

跑到卖给小H衣服的导购小姐面前，双方一起击了个掌，高喊了一句口号。然后两个人立刻散开，并和门店中的所有导购人员分别击掌，将成功的喜悦一一传递给大家，整个门店的氛围忽然一下子变得非常热烈，群情激昂。

"我当时就懵啦！"小H表情夸张地对我说道，"我以为我可能是今天店里的幸运客户，中奖了之类的。但是等了一会儿，没人给我颁奖啊！"这个场景勾起了小H的好奇心，于是她留在店里偷偷观察。果然，不一会儿，另外一位客户买完衣服付款之后，那位黑西装又从后台的角落里跳出来，跑到导购面前击掌，然后再散开和其他人员一一击掌，整个门店再次掀起激昂的氛围。

小H明白了，她并非什么幸运客户，而是这家店里独有的提振士气、增强凝聚力的管理方法。小H经理决定将这个模式引入她自己的团队。但业务模式的不同，无法原样照搬，经过思考，小H经理开始尝试在团队内部推行一项新的方法：她将团队所有人聚在一起，利用两个晚上，充分调动年轻人的想象力，发明出只有团队内部自己人才能看得懂的三十多套手势语言，比如：

如果看到有人攥拳头放在本子上反复摩擦，这个动作的含义是：下面的客户中有考核服务的检查人员，注意一下服务规范！

如果看到有人做了个十指交叉的姿势，这个动作的含义是：可能有上级单位的领导来视察，打起精神！

……

他们将一个个的简短信息做成了手势之后，信息的沟通就变成了如游戏般有趣的活动。特别是，这些信息只有团队内部的人才看得懂，在一次次沟通的过程中，团队的凝聚力无形之中也得到了极大的提升。

我们在第四章第二节中也分享过，各个年代的人都有独属于自己成长年代的语言体系，熟练掌握并使用彼此都懂的语言体系，关系自然拉近。建议各位新生代员工的管理者，尝试在团队的内部，和你的员工一起创造一些"不成文"的规定，这些只有你们知道的"团队潜规则"会让团队的凝聚力更强一些。

结语

改变你自己，
影响新生代

书到最后，我们再顺着前言中的这张图来回顾一下管理新生代员工的理念与方法的进化。

现象	假设	背后原因	解决方案	对应章节
	不了解新生代员工 ····	群体特征不明晰	识别代际差异	第一章
新生代员工不好管	有了解但不会管理 ····	干预手段不匹配	迭代管理策略	第二章、第三章
	会管理但无法传递 ····	信息交互不顺畅	优化沟通体系	第四章、第五章
	会传递但激活不足 ····	动机切入不准确	打造能量引擎	第六章、第七章

如果你不熟悉他们的代际特征，我们一起为新生代们做了用户画像，并着重将其与职场前辈们做了对比。

如果你不清楚怎样为他们调整管理习惯，我们一起针对新生代的特点讨论了如何在尊重他们自主性的基础上有效地迭代管理手段，并强调如何在团队合作的授权赋能过程中实现1＋1＞2的高质量成果。

如果你不明白如何与他们心平气和地沟通，我们一起分析了新生代特有的语言体系，并重点练习了如何与之在"同频沟通"的基础之上达成共识。

如果你不了解怎么对他们形成深入人心的激励，我们一起探讨了新生代所重视的内动机，并突出在信任基础上彼此之间达成心理契约的重要性……

真诚地希望你能在读完本书之后，得到这些不一样的收获：

● 更懂新生代

能够更深刻地体会新生代员工管理的麻烦之处，但也可以坦然接纳他们与我们的不同，更相信他们能够承担起未来的责任，就像过去的我们一样。

● 更懂影响力

能够更加深入地洞悉与引导人性，不管是70后还是00后，都有人性上的共同特征。而团队管理理念的发展，就是一步步从"把人当机器看"到"把人当人看"的升级。优秀的管理者都懂得研究人性、尊重人性，而不是对抗人性。基于对新生代们的心理需求和价值主张的理解，我们才可能真正走近他们的内心，并围绕工作目标有效引导他们，最终实现共赢。

● 更懂你自己

管理新生代员工，最关键的是什么？

答案是，你自己。

管理者的个性、性格甚至兴趣爱好，在很大程度上影响着新生代们的喜怒哀乐。试图改造他们太难，因为新生代们不喜欢被管理，更不喜欢被定义。但改变自己则容易上手得多，先改变自己看待他们的观点，再改变自己看待问题的想法，进而付出行动，再由行动去影响新生代们。一旦你启动了从"改变他们"到"影响他们"的尝试，就会慢慢远离那些挫败的感觉，越来越有掌控感。

通用电气的前总裁杰克·韦尔奇在一次演讲之后回答听众们的提问。在场的一位听众问了一个很犀利的问题："韦尔奇先生，您讲的这些东西之前都写在您的书中了，您不过是又把书里的内容读了一遍，这个对我们有什么价值啊？"

此言一出，全场寂静，想看看韦尔奇怎么回答。

出乎意料，韦尔奇听完之后，微微一笑，缓缓说道："没错，你们都知道，但是，只有我们做到了。"

子曰："学而时习之，不亦说乎"。"学"的意思是模仿，"习"的意思是练习。因此"学习＝模仿＋练习"，换句话说，"学习＝改变"。如果你读了整整一本书之后没有任何的改变，那么读这本书的精力和时间就算是浪费了。因此，笔者诚心实意地建议各位，能够就书中印象深刻的几点，反复地训练自己。当你能够在工作中熟练地运用这些方法时，改变就已经发生了，那才是真正的读书与学习。

以上，便是这本书的全部内容。感谢你阅读到这里，同我一道，重新了解、熟悉并接纳这些注定要与我们在职业道路上相伴很久的新生代们。当然，我也很期待能与你继续保持交流与联系，让我们一同相伴，与新生代们走得更顺、更远。